油篓村志

油篓村志编纂委员会　编

方志出版社
Publishing House of Local Records

《油篓村志》编委会

北
北杨家庄
昌里水库
油篓村
华兴
后水湾
双胜村
巩家山
祥和
杜家山
前水湾
桃峪村
玉溪
四和村
响水村
南湾村
柿子峪
金盛
松林村
小北庄
城东村
宁安庄
铁岭
郑城村
富民新村
埠西
郑城镇驻地
新元村
兴源
富家庄
金山
陈家庄
七一水库
南杨庄
七一村
崇圣
鑫盛
双龙村
双兴村
东兴
张庄
马家洼
苗庄
石门水库
福安
大魏庄
西湖村
花峪庄
小魏庄
武城
东明村
印荷庄
水泉沟
东大泉村
西故县
东故县
石家庄村
苍山湾
虎窝
南峪
图例
村界
镇界

平邑县郑城镇示意图

雨后油篓新村

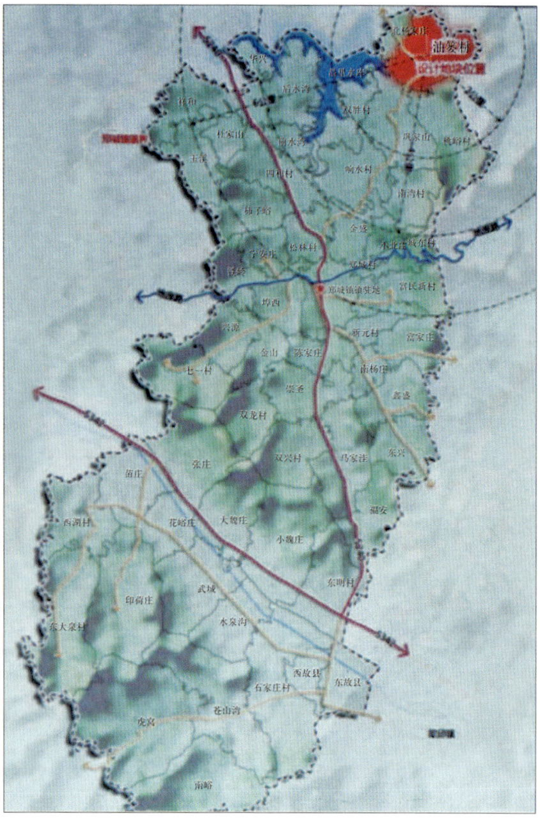

油篓村旅游交通图

油篓村远眺

办公楼前广场“红色油篓 煎饼飘香”景观

油篓村迎宾门

社区幼儿园

社区信息化教室

油篓村委会办公楼

油篓村雪景

油篓社区老年公寓

油篓东山盘山公路（2010年）

社区健身广场（一）

油篓社区一角

油篓新村

2015 年，整修后的村中塘坝

社区健身广场（二）

整洁靓丽街景（2017年）

北沟大桥

油篓村盘山公路（2018年）

办公楼前白玉桥

新农村别墅

北沟大桥西侧

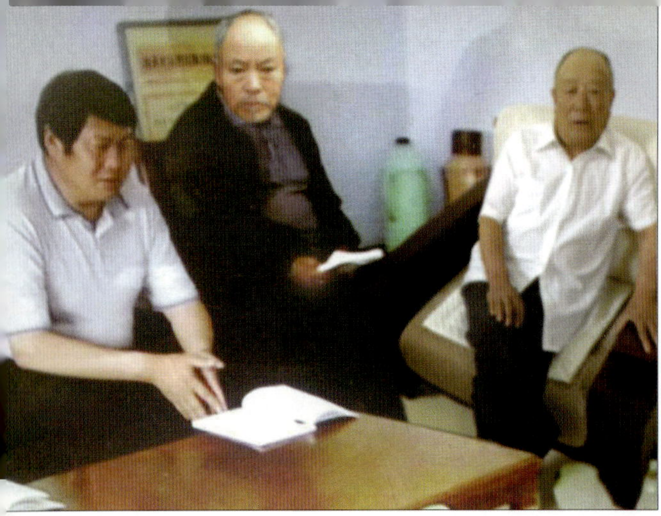

2007 年 5 月，李洪成（左一）与老书记李洪生(中)、李洪柱（右一）共同规划新村建设

2007 年 6 月，油篓新村举行奠基仪式，县人大常委会副主任魏殿玉、县政协副主席赵景元出席

李洪成在新村奠基仪式上讲话

2000 年 1 月，举行饮水工程打井开工仪式

饮水工程竣工纪念碑（2000年10月）

新建北沟水井（1995年）

2000年5月，饮水工程一级蓄水池（右）建成

1998 年暑旱，村民在井边等水

村民盼望早日吃上自来水

2000 年 9 月 20 日，村“两委”领导向市扶贫工作组敬献锦旗

2000年6月，饮水一期工程剪彩仪式 临沂市国税局局长何庆青（右三）、县人大常委会主任程新安（左二）出席

2000年6月8日，市国税局局长何庆青（中）和市妇联领导献爱心，给留守儿童发放书包及学习用品

2001 年春节，市国税局、团市委扶贫工作组慰问贫困户

2001 年 1 月 6 日，市国税局工会主席于增厚（中）在签订养羊合同仪式上讲话

2001 年 1 月 6 日，市扶贫组与油篓村村民签订养羊合同签订仪式现场

2001 年 1 月，市扶贫组与油篓村民签订养羊合同，李广云第一个拿到合同书

2001 年 1 月 19 日，扶贫工作组向村民告别

2001 年 1 月 19 日村“两委”领导与市扶贫组人员合影

2010年春节期间，山东电视台记者在油篓村采访

2000年10月，临沂市国税局领导刘立科（左一）到油篓村指导扶贫工作

2007年6月，李洪成被县委授予“十佳农村党支部书记”称号

2001年7月，李洪成在郑城镇党委召开的表彰大会上发言

2001年7月，郑城镇党委召开表彰大会。李洪成（右）接受中共平邑县委授予油篓村的“五好村党支部”奖牌

老党员代表（原村支书）李洪柱

从油篓村走出去的优秀企业家李阳

“文明家庭”代表李广学

杂粮煎饼创始人　李荣仕

2017 年，李兴民被评为“平邑县第六届道德模范”

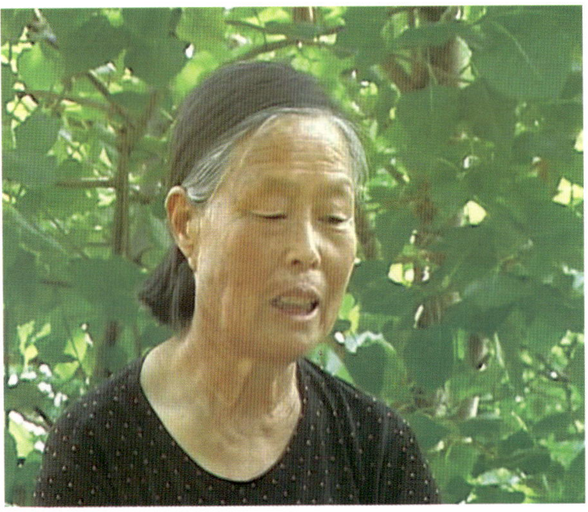

“好婆婆”代表李荣花

《油篓村志》编委会合影

平邑县镇村志工作推进暨《油篓村志》评议会在郑城镇政府会议室召开，县人大常委会副主任邱春力、县史志办主任巩祥军及镇党委副书记夏凤娟、统战委员刘华彬等参加会议

序

盛世修志，志为信史。编修地方志是中华民族的优良文化传统。平邑县郑城镇《油篓村志》在全国上下贯彻中共十九大会议精神，顺应全面建成小康社会的大好形势下，应运而生，这是我镇组织编修的县内第一部村志，也是平邑县（镇）情资料的重要组成部分和精神文明建设的丰硕成果，是值得祝贺的一件大喜事。

油篓村地处平邑县南部天宝山区，是抗日战争时期共产党领导的沂蒙山抗日根据地的腹地。随着一一五师开辟天宝山区根据地的需要，师部机关和鲁南区党委机关先后进驻油篓村一带，油篓村遂成为鲁南党政军领导机关所在地和指挥中心，时称鲁南地区的“小延安”，是罗荣桓、陈光、赵镈、林乎加、李乐平等党、政和军队领导人曾战斗、工作、生活的地方。这里的人民富有光荣的革命传统和献身精神，从保家卫国的革命战争年代到社会主义革命和社会主义建设时期，他们都不断创造出许多可歌可泣的英雄事迹。红色革命的历史文化底蕴培育了这里的人们，比如李贵久舍命掩护伤员脱离险境的拥军模范事迹，房东刘福荣以地瓜换高粱而成煎饼的军民联动交响曲，以及广大村民踊跃参军参战、支前抗战的动人场面，解放战争时期的两名战士牺牲在战场，更有七名青年参加抗美援朝，在战场立功，这都鼓舞着油篓村人不断地奋斗并且奉献着。社会主义建设时期，油篓人在共产党的领导下，自力更生，艰苦奋斗，治山治水，改天换地，每一步都迈出了坚实的步伐。

油篓村人民勤劳勇敢、善良朴实，特别是中共十一届三中全会后，他们以艰苦创业、无私奉献的楷模九间棚人为榜样，走出大山，自谋职业，寻找致富门路，为平邑县郑城镇外出打工致富最早的村庄之一。在开发地方特产煎饼制作方面闯出来一片天，被誉为“中华煎饼第一村”，在带动周围乡镇村庄人们打工创业之路上做出了卓越贡献，他们的壮举必将载入史册。村党支部一班人，适应形势的发展，大搞新农村建设，建成36栋欧式小别墅和4栋单元居民楼，改变了村民的居住条件，打造了“煎饼村”的崭新风貌。在解决农村吃水难、行路难和住房难的实践中，做出了成绩，成为郑城镇新农村建设的一面旗帜，为推动当前农村经济发展提供了借鉴和动力，确实可喜可贺。

《油篓村志》体例完备，文约事丰。采用新观点、新资料、新体例，横陈各业，纵写史实，以事实为依据，以本村政治、经济、教育、文化、生活为主线，全面记述了油篓村的现实巨变。在记述事件的发生发展中脉络清晰，层次分明，详略得当，具有较强的史料性、科学性和思想性，是一部很好的基层地方志书。该志系统体现了志书资政、存史、教化的基本功能，为读者提供了鉴往知今的宝贵史料，有益当代，利泽千秋。

油篓村两委领导班子审时度势，不失时机地组织编纂辑成此书，总结过去，开创未来，为当前经济建设服务，应该得到有关部门的肯定；编纂人员不辞劳苦，精心操作，数易其稿，无馁无弃，亦是难能可贵之举。他们在较短的时间内完成的这部志书，篇篇凝聚着修志人员的心血，章章包含着编写者的集体智慧，亦在此表示感谢。

在《油篓村志》即将付梓之际，细览全书，感慨良多。爰陈数语，权以为序。

中共平邑县郑城镇党委书记　王安存

2018年5月

凡　例

一、《油篓村志》以马克思列宁主义、毛泽东思想、邓小平理论、“三个代表”重要思想、科学发展观、习近平新时代中国特色社会主义思想为指导，坚持辩证唯物主义和历史唯物主义立场、观点和方法，以《关于建国以来党的若干历史问题的决议》为准绳，实事求是地记述全村自然、经济、政治、文化和社会的历史与现状，力求思想性、资料性和科学性的统一。

二、凡从本村走出去的各类人员及其事迹，不论户籍所在，均为本志收录范围。

三、断限原则上起自1940年，下迄2017年年底；为了保持史实的连续性、完整性，有些章节内容适当上溯或下延。记述的重点放在当代，以突出时代特点和地方特点。

四、采用述、记、志、传、图、表、录等体裁，以志为主，诸体并用。首设概述、大事记，中列专业志，人物，附录殿后。主体为章、节结构，节下视内容设目、子目。

五、采用语体文、记述体。执行《山东省新编各级地方志书行文规定（试行）》，对机构、党派、社团、会议等名称，行文首次出现用全称并括注简称，再次出现用简称。

六、数字书写执行2011年发布的国家标准《出版物上数字用法》；计量单位名称、称号以《中华人民共和国计量单位名称与符号方案（试行）》为准，个别的采用当地长度单位。

七、立传人物遵照生不立传的原则，以村有较大社会影响的人物为主，排列以卒年为序，并据习惯以虚岁系之庚年。当今先进模范人物，凡受到县级以上政府、单位表彰或在某项事业中有突出贡献的，亦可入志，排列以出生年为序，但仅以传略记述为主（有的可根据需要安排）。需要以事系人的，散记于有关章节。

八、采用公元纪年。1911 年前，同时在纪年后括号内加注历史纪年。引用历史纪年的，需要时在括号内标明公元纪年。

目　录

概述 ……………………………………………………………………001
大事记 ……………………………………………………………………006

第一章　建置沿革……………………………………………………009
　　第一节　置村……………………………………………………009
　　第二节　村域……………………………………………………009
　　第三节　隶属……………………………………………………010

第二章　自然环境……………………………………………………012
　　第一节　地形　地貌……………………………………………012
　　第二节　土壤　植被……………………………………………013
　　第三节　自然资源………………………………………………014
　　第四节　自然灾害………………………………………………015

第三章　人　口………………………………………………………018
　　第一节　人口数量与结构………………………………………018
　　第二节　婚姻……………………………………………………023
　　第三节　家庭……………………………………………………027
　　第四节　计划生育………………………………………………029

第四章　村级政权及党群组织…………………………………………030
第一节　村级政权更迭…………………………………………030
第二节　共产党组织…………………………………………032
第三节　群团组织…………………………………………035

第五章　红色革命堡垒村…………………………………………038
第一节　鲁南区党委机关进驻油篓村…………………………………………038
第二节　军民鱼水情…………………………………………041
第三节　牢筑革命堡垒…………………………………………044
第四节　李灿营游击大队…………………………………………046

第六章　油篓杂粮煎饼…………………………………………048
第一节　煎饼历史演变…………………………………………048
第二节　创业致富…………………………………………051
第三节　煎饼产业发展规划及措施…………………………………………054

第七章　经济管理体制变革…………………………………………055
第一节　农民土地所有制及其改革…………………………………………055
第二节　农村经济集体所有制…………………………………………057
第三节　农村家庭联产承包责任制…………………………………………060

第八章　经济建设…………………………………………062
第一节　互助合作生产…………………………………………062
第二节　兴修水利、封山造林　…………………………………………062
第三节　农田建设…………………………………………063
第四节　饮水工程…………………………………………063

第五节　新农村建设……065
第六节　品牌建设……068
第七节　美丽乡村建设……072

第九章　旅游开发……076
第一节　规划……076
第二节　景点与服务设施……078
第三节　崮顶艺术家创作中心……082

第十章　教　育……084
第一节　私塾……084
第二节　识字班……085
第三节　抗日小学……085
第四节　公办学校……086
第五节　教师世家……087

第十一章　文化 卫生……090
第一节　庄户剧团……090
第二节　广播 影视……091
第三节　文物……091
第四节　卫生保健……094

第十二章　家族繁衍……096
第一节　西街李氏……096
第二节　东街李氏……099
第三节　北岭李家及北沟沿李家……101

第四节　其他姓氏……102

第十三章　民　情……104
第一节　村民生活……104
第二节　称谓与社交……105
第三节　社会新风……106

第十四章　生产生活用具……109
第一节　生产用具……109
第二节　生活用具……112

第十五章　社会保障……117
第一节　五保 救济……117
第二节　低保 捐助 养老保险……118
第三节　特殊人群照顾……120

第十六章　风俗习惯……122
第一节　岁时习俗……122
第二节　婚庆习俗……125
第三节　丧葬习俗……127
第四节　生活习俗……129
第五节　生产交易习俗……132
第六节　其他习俗……134
第七节　陋俗流弊……135

第十七章　方言 谚语……137

第一节 方言 土语……137
第二节 谚语 ……162

第十八章 逸闻传说……191
第一节 大仙姑的传说……191
第二节 二仙姑的传说……192
第三节 煎饼的传说……193

第十九章 表彰奖励……194
第一节 集体荣誉……194
第二节 个人荣誉……195

第二十章 人物……198
第一节 人物传(略)……198
第二节 人物简介……205
第三节 复员、退伍军人名录……213
第四节 能工巧匠……214

第二十一章 艺文……216
抗战时期的报纸……216
依山居赋……217
诗词选粹……219

附 录 ……228
规章制度选录……228
“孟良崮”的前夜……235

我的创业致富之路……………………………………………………243
油篓村大中专毕业生统计表（2017 年 12 月）……………………248
油篓村村民自建楼房统计表（2017 年 12 月）……………………252

编后记 ……………………………………………………………………255

概 述

油篓村位于平邑县南部山区，地处郑城镇东北隅，九顶莲花山西麓、观音山旅游景区内，位置优越，风光旖旎，资源丰富，花果飘香，素有“金油篓”之美誉。

油篓村总面积 3.65 平方公里（5487.6 亩）。村域内外出行交通便利，向东经盘山公路可至轿车山、大圣堂、九间棚景区，南去观音山景区。

油篓村始建于明末清初，距今已有 380 余年的历史。村内居住有李姓居民 4 大家，西街李氏、东街李氏为其中两大家族，占全村人口的 80% 以上；另有巩氏、徐氏、黄氏、刘氏、林氏、庄氏等姓氏居民数家。全村 405 户，人口 1414 人。

一

改革开放后，广大村民走出大山自谋职业，为郑城一带外出打工致富最早的村庄之一，由最初的“占领”上海街头烙煎饼发展到进驻全国各大高校食堂，由煎饼质量不一到油篓杂粮煎饼获国家专利认证，而被山东电视台多个频道及湖北、台湾等多地新闻媒体誉为“中华煎饼第一村”。

油篓村走过的艰难发展历程，凝聚了十几代人历经坎坷而艰辛拼搏的壮举。

自抗战时期中共鲁南区党委进驻油篓村后，广大有志革命青年怀着建设共产主义美好明天的伟大抱负和满腔热情，自觉地投入党的怀抱，先后有李广汉等进步青年加入共产党组织。

中华人民共和国成立后，他们为实现美好祖国的明天而奋斗不止。1953 年秋种时，战胜严重旱情，李广存带领互助组，全力抗旱保秋种，带动全村按时完成小麦播种，为第二年的丰收打下了坚实基础。

1954年，村里成立了合作社，党支部一班人冲破重重阻力，带领村民上山修梯田、挖鱼鳞坑、打顺水坝，治理水土流失，收到了较好的效果。1964年12月，修建村中北沟塘坝，掀起了兴修水利的高潮。治水取得阶段胜利后，支部一班人又想到封山造林，利用塘坝蓄水浇灌育苗，为植树造林做好了准备。1966年后，连续数年利用夏天雨季，动员村民上山植树造林。兴修水利、封山造林，成果丰硕。时至今日，面对东山郁郁葱葱的松树林和下崖根茂密的洋槐树，油篓村人感受到由衷的欣慰和自豪！

即便是在“文化大革命”中，油篓人也不忘初衷，团结一致，努力改变生产条件，整地改土，其后发展教育，架电、解决村民吃水难等问题，均取得可喜成绩。

改革开放后，支部一班人心想群众，为老百姓服务，引导人们改变生产生活面貌。适应形势的发展，大搞新农村建设，改变了村庄面貌，新建成36栋欧式小别墅，4栋居民楼。带领广大有志之士走出家门，发家致富。油篓村成为名副其实的“煎饼专业村”，在全国率先垂范，做出榜样。2017年年底，全村总收入达到7000余万元，人均收入49500元。

二

中共鲁南区党委的入驻，油篓村从一个默默无闻的偏僻小山村而成为鲁南地区著名的红色革命堡垒村。

1940年5月27日，筹备中的鲁南区党委机关从沂南青驼寺移驻费县油篓村（今隶属平邑县郑城镇），6月，鲁南区党委在油篓村正式成立。鲁南区党委与一一五师师部机关军地配合，打通了天宝山区与抱犊崮山区根据地的联系。后根据桃峪高干扩大会议的决定，建立鲁南军政委员会，仍驻油篓村。鲁南军政委员会成为统一领导鲁南地区抗日斗争的最高领导机构。油篓村成为当时鲁南地区政治军事活动中心，被称为鲁南地区的“小延安”。

鲁南区党委等机关进村以后，以“三大纪律八项注意”为行动准则，组织群众、宣传群众，以实际行动解除了群众的顾虑，受到群众的拥护和爱戴。他们宣传共产党的抗日救国政策，培养训练抗日积极分子，对出身贫苦、正直、政治上无问题的人进行重点教育，提高他们的阶级觉悟，从中发展党员，建立党组织。李广汉、李广慎等进步青年在区党委的教育培养下，均成为油篓村革命青年骨干，一个支持和拥护革命活动的革命群体逐渐形成。区党委成功改编了李灿营游击大队，使之成为抗日武装，帮助油篓村组织成立儿童团、姊妹团、识字班、抗日小学等。

鲁南区党委机关进驻油篓村后，帮助房东干活、挑水，深入群众，深入农户，和老百姓结下了浓厚情谊。乡亲们把最好的房子让出来给机关的工作人员住。房东将机关人员视为亲人，耐心细致地照顾他们的生活。有的战士把年老的房东视为自己的父母，有些妇女干部和村里的姊妹结成了至交好友。有时群众还主动担任警戒任务。

区党委驻油篓期间，正值群众生活非常困难时期。因农业连年歉收，加之敌人的经济封锁，人们少衣缺食，军需供应十分紧张。区党委领导军民积极开展生产自救，带领战士和群众一起锄草灭荒，与民兵配合抵御刘匪的袭击，一起度过灾荒。

油篓村党组织加强全民支前的领导，群众为支援抗战，经常把节省下来的粮食送给机关工作人员吃。“煎饼支前”成为当时的一个响亮口号。村中妇女行动起来，放下自己家里的一切活计，做军鞋，烙煎饼，碾米，磨面，以实际行动支援抗战。

区党委机关在油篓村仅住了半年多的时间，给人们留下了难忘的记忆，给油篓村带来了革命的希望，也撒下了革命的火种。在之后的岁月里，全村出现了许多父母送子参军、妻子送郎上战场的动人事迹，很多有志村民参加民兵，支援前线，党的组织也不断发展壮大，油篓村被誉为“红色革命堡垒村”。

1947 年 5 月，孟良崮战役前夕，华野六纵 52 团三营八连指导员周启贤在带领后方医院伤员突围时，和通讯员及一名班长来到油篓村李贵久家，受到李贵久和妻子、儿媳地热情接待。李贵久连夜把周启贤等 3 人安全转移到山洞内。三人白天在山洞中隐蔽，晚上被接回李贵久家吃饭，交流情报。周启贤等 3 人躲过了敌人的搜查。在小儿子、哑巴兄弟遭国民党军队及还乡团的严刑拷打的情况下，李贵久全家都没有吐露半点消息，最后安全地把伤员送到流峪以西，找到了大部队。李贵久不怕敌人的报复，毅然掩护八路军伤员脱险，一直受到正义的油篓村人的称赞。

解放战争时期，油篓村人发扬抗战精神及光荣的革命传统，青年踊跃参军、参战，抬担架，护理伤员；踊跃参加鲁南战役、莱芜战役、孟良崮战役、淮海战役等众多战役战场战地服务，有2人为祖国解放事业付出了自己的生命，7人参加抗美援朝。他们表现了大无畏的革命精神，为油篓村争得了荣誉。

三

油篓村人以煎饼闯天下，占据全国煎饼产业的半壁江山，赢得国家专利认证，以“中华煎饼第一村”而誉满全国。

李荣仕为油篓村以煎饼闯世界的带头人。20世纪80年代末，油篓村李荣仕因多种原因欠下了7万多元的债务。他为寻找生机，于1992年夏天，只身到上海通北路，找了个不要钱的摊位做起了豆腐脑生意。后来，他将全家搬到上海，开始了新的生活。经过一年多的经营，生意渐渐的好了起来。随后李荣仕产生了把家乡口味带到上海的想法，决意让家乡特色——地瓜干煎饼在上海落户。

李荣仕小儿子李军从青岛来到上海帮他做生意。小女儿李萍在父母及哥哥的支持下，经两个多月的摸索，终于想到了加工煎饼的方法。

后来，李萍又成功研究出甜蜜酱的制作方法。

生意越做越好。荣仕二儿子李林带媳妇林荣、二女儿李兴芳、大女儿李兴花、三女儿李兴玲也到上海，除大儿子李阳在青岛工作外，其余6个子女都先后到了上海做煎饼生意。

1995年后，吴自虎、颜士红、李兴传、李中运、李兴华等先后到上海。1997年3月，黄守均一家跟李荣仕的三女儿李兴玲到了上海。之后，李吉武、李兴文、李中用、李庆勇等人也到上海学习摊煎饼。一时间，油篓煎饼摊位占据了大上海的街头巷尾。2002 年，油篓村在上海摊煎饼的有近两百家。到 2017 年年底，整个上海市区 90% 的煎饼摊是油篓村人经营的。

2003 年 10 月，李林向国家专利局申请了杂粮煎饼的专利。2006 年 7 月 26 日，国家知识产权局批复油篓村李林申报的油篓“杂粮煎饼”发明专利请求。这为油篓煎饼产业开拓了广阔发展空间。

2006 年 7 月，油篓村党支部在郑城镇党委的帮助下，在上海普陀区长寿路街道设立流动党员党支部，解决了流动党员组织生活问题，使油篓村在上海做生意的村民进入了有组织有领导的工作环境中；成立流动人员计划生育协会，解决了育龄妇女的后顾之忧。

油篓杂粮煎饼生意在全国各地打开了局面。以郑城镇油篓村为中心，周边郑城、流峪、铜石、天宝等乡镇村民在油篓村的带动下，以烙煎饼为主挣钱，广开百姓发家致富的门路，过去穷乡僻壤的百姓抱上了“金娃娃”。

四

一片深情献热土，与时俱进谱华章。

回溯油篓村所走过的历程，有挫折有失误，但绩业显著、硕果累累；展望未来，油篓大地充满生机和希望。具有光荣革命传统、勤劳智慧的油篓人们，担当起历史赋予的重任，不断弘扬红色文化，不忘初心，大胆尝试，不断进步，推动煎饼产业的发展。在做好主打产业的同时，他们逐步开发旅游项目，搞好村史馆、煎饼史馆建设，以新农村建设为动力，继续开创新的大好局面。

在各级党委和政府的领导下，油篓村人一定能携起手来，抓住机遇，开拓进取，奔着既定目标，高歌猛进，在以习近平总书记为核心的党中央领导下，认真学习和贯彻习近平新时代中国特色社会主义思想，沿着建设具有中国特色的社会主义康庄大道，不断创造出更加光辉的业绩，各项事业更上层楼，再创辉煌。

珍惜过去，展望明天，油篓村必将成为繁荣昌盛、幸福美满的乐园。

大事记

1940 年 5 月 27 日，中共鲁南区党委在费南天宝山区的油篓村成立。

1940 年 7 月 1 日，中共鲁南区党委机关报《鲁南时报》在油篓村创刊。社址设在李贵范的东堂屋。

1940 年 7 月，一一五师民运工作队、鲁南区党委工作队和费南县工委共 350 余人，编为 7 个工作队，分赴常庄、福山、丰山、山阴、白彦、由吾、天宝 7 个区开展工作。

1940 年 8 月，费南县参议会在崇固区（今郑城镇）蒋家庄成立，到会代表 200 余人，选举赵仲三为参议长，王力生、王兰斋、米栻民、李元松、杨文彬为副参议长，参议员 32 人。油篓抗日游击大队队长李灿营被选为参议员。

1940 年 11 月底，鲁南区党委机关为准备反击敌人的“大扫荡”，陆续撤离油篓村。

1940 年 12 月 13 日，全村遭到刘匪洗劫，房屋大多被烧光。

1953 年年初，油篓村第 1 个互助组成立。到年底，全村共成立互助组 13 个。

1954 年冬，成立了初级农业生产合作社。

1958 年冬，村办食堂，至 1960 年开春后停止。

1964 年，河北邢台地震，油篓村有震感。

1964 年 12 月 28 日，北沟塘坝建设施工。

1965 年 3 月，北沟水库塘坝建成蓄水。

1966 年春，全村开始封山造林，山上种植松柏树，山下种植槐树。山上自二崮顶向南至桃峪地界栽植松柏树，山下东麓捻子峪及螃潜沟以西山坡遍植洋槐树。

1975 年 11 月，李贵久妻子汪士荣去世，油篓大队革委会为她召开了追悼会，时任党支部副书记李京云主持追悼会。团支部书记李洪光致悼词，肯定了她掩护伤员的革命精神。其事迹被人们广泛传颂。

1982 年冬，实行农业生产责任制，划分责任田、责任树。

1999 年 1 月，市国税局和团市委扶贫工作组到油篓村开展扶贫工作，参与扶贫饮水工程建设。

2000 年 6 月 8 日，村扶贫开发水利一期工程竣工，临沂市国税局局长何庆青、县人大常委会主任程新安到村参加剪彩仪式。

2000 年 9 月 20 日，饮水工程全面竣工，市、县有关领导到场祝贺，并参加了放水入户仪式。

2001 年 1 月 5 日，市国税局、共青团临沂市委工作组与油篓村村民签订养羊合同，每户供给 100 元作为养羊扶贫资金。

2004 年 10 月，郑城至昌里乡村公路开通，公路从油篓村穿街而过。2015 年秋，原水泥路改成柏油路。

2006 年 7 月 26 日，国家知识产权局批复油篓村李林于 2003 年 10 月 23 日申报的“油篓杂粮煎饼”发明专利请求，确定专利权自授权公告之日起生效。

2007 年 11 月油篓东山至轿车山盘山公路开始施工，至 2008 年 2 月，盘山路工程开通。

2007 年 6 月，油篓新村（社区）建设奠基。县人大常委会副主任魏殿玉、县政协副主席赵景元出席奠基仪式。

2007 年 6 月，市国税局再次帮扶小区排水工程，购买体育广场健身器材。市国税局刘义、崔超和县国税局高华驻村帮扶。

2007 年 12 月，油篓村被临沂市委、市政府及平邑县政府评为新农村建设示范村。

2009 年秋，村中北沟大桥建成通车。

2010 年 2 月，春节期间，山东电视台 4 名记者在油篓村过春节，组织了一场摊煎饼比赛，并拍摄纪录片《回家》，在山东卫视和山东农科频道多次播放。

2010 年 5 月，社区建设全面完工，共建设别墅 36 栋、四层单元楼 4 栋。

2011 年 1 月，平邑县委组织部、平邑县电视台编辑录制《小山村的当家人》李洪成专题纪录片，在平邑电视台、山东省电视台播放，后作为平邑县委组织部党员教育的专题教材。

2012 年 5 月，在小区南部建高标准幼儿园 1 所，解决周边村庄幼儿入园难问题。

2014 年 2 月，北杨庄与油篓村合并为一个行政村，名为油篓社区。

2014 年 4 月，建成高标准老年公寓 1 栋，两层小楼，设床位 40 张，配套设备齐全。

2014 年 8 月，油篓村李王氏节孝碑被重新发现，捐赠平邑县博物馆作永久收藏。清末光（绪）宣（统）年间，皇帝御敕修建油篓李灿珠之妻李王氏龙头节孝碑，后因故搁置。1924 年（中华民国 13 年）春，该碑按原设计镌刻完工，上书有“费县谢正堂为节妇李王氏而立”。“文化大革命”中，该碑被拉倒深埋。

2015 年 2 月，新建村卫生室 6 间，改善了村民就医条件。

2017 年 5 月，油篓社区与中央美术学院商定，在油篓村开辟中央美术学院写生基地，由油篓村提供住宿、生活等便利条件。

2017 年 8 月 30 日～9 月 3 日，李洪成参加省旅游发展委员会组织的“乡村旅游带头人赴日本精准交流团”，赴日本考察乡村旅游发展情况。

2018 年 1 月 12 日，油篓村至昌里水库大坝、范家洼环湖路开工建设。红色旅游公路及环湖路油篓村南段首先开工，为油篓村公益项目建设的规划、施工创造了必备条件。

2018 年 3 月，油篓东山盘山路水泥硬化路面完成。

2018 年 4 月底～5 月初，油篓村至桃峪上河旅游路沥青路面铺筑完成。

2018 年 4 月，中央美术学院崮顶艺术中心暨油篓画家村工程开工建设。

2018 年 5 月 11 日，平邑县镇村志工作推进暨《油篓村志》评议会在郑城镇政府会议室召开，县人大常委会副主任邱春力，平邑县史志办公室主任巩祥军，郑城镇党委副书记夏凤娟，镇统战委员、镇人大副主席刘华彬出席会议。出席会议的还有平邑街道、地方镇、仲村镇、卞桥镇和两泉村、九间棚村、东荆埠村、庞居庄村、油篓村等单位领导及有关修志人员 30 余人。

2018 年 10 月 8 日～14 日，临沂市“最美小镇、最美村居（社区）”网络评选活动进行。评选结果是油篓社区以 91066 票当选第一名，超出第二名 46000 余票。

第一章　建置沿革

第一节　置村

油篓村始建于明末清初，距今至少已有380余年。

村东山下有一形似旧时榨油篓子的巨石，巨石中间石缝中长年有泉水如同榨出的食油般流下来，故名油篓石。西街李氏先祖始迁该地，曾居于油篓石旁，油篓村因此得名。村址后逐步西迁至现在的村落所在地。

古油篓村修有土围子，不知建于何时，故根据村民记忆整理土围子四至，北至北沟南沿，南至栗子沟北，东至东林、徐思成家东，西至西林、李贵学家西，设有4个瞭望炮楼（如图1–1）。全村分布有北岭、围里、山陂3个自然村。

第二节　村域

油篓村位于县境南部，郑城镇东北隅，九顶莲花山西麓山脚下。地处天宝山区腹地，位置优越，资源丰富，素有“金油篓”之美誉。改革开放后，广大村民走出大山自谋职业，为当地打工致富最早的村庄之一，带动周围村庄以烙煎饼为主打产业而发家。油篓村被誉为“中华煎饼第一村”。

油篓村南邻桃峪、巩家山，北连杨家庄、上山窝，东至小王崮西麓大辉盖、轿车山，西滨黄泥沟、昌里水库。

郑城镇驻地坐标为北纬35° 15′、东经117° 39′，油篓处其东北，其坐标大致如此。村域总面积3.65平方公里。西北距平邑县城35公里，北距铜石镇驻地20公里，南距郑城镇驻地6公里，东距费县城直线距离35公里；西距白彦镇驻地20公里（山路15公里）。从油篓村乘车向东到临沂只有1小时

20 分钟车程，向南到枣庄，或向西到济宁，车程均为 1 小时 40 分钟。

郑（城）昌（里）公路南北穿村而过，东山盘山公路可直达灵泉观、大圣堂、九间棚，南通桃峪村、一一五师桃峪高干会议旧址、观音山，沿观音山西路至郑城镇驻地，为旅游提供了便利条件。

第三节　隶属

清末至民国初期，油篓村属费县蒙阳社。

抗日战争时期，中国共产党领导创建沂蒙山区革命根据地，并相继在今平邑县境内设置了县级机构，组建了人民民主政权。1940 年 6 月，中共山东分局根据抗日斗争需要，以费县境内西部滋（阳）临（沂）公路为界，路北置费北县，路南置费南县。费南县抗日民主政府驻地在郑城、常庄、流峪一带，隶属鲁南专署。

1940 年 6 月，油篓村属费南县常庄区。

1942 年 7 月，费南县新置崇固区，油篓村改属崇固区。

1943 年 12 月，费南县改称费县，油篓村属费县崇固区。

1946 年 4 月，费县改称平邑县，油篓村属平邑县五区（崇固区）。

1950 年，属平邑县五区。1951 年属平邑县五区桃峪乡。1955 年 11 月，全县各区改为以驻地命名，油篓村属平邑县郑城区。1958 年 3 月，撤区设乡，油篓村属郑城乡。是年冬，改称人民公社，油篓村先后属五一公社、郑城公社。1961 年，公社改称区，油篓村仍属郑城区。

1984 年 4 月，行政区划实行“政社分开”，取消公社体制后，油篓村仍属郑城区。1985 年 8 月，郑城撤区设镇，油篓村改属郑城镇。

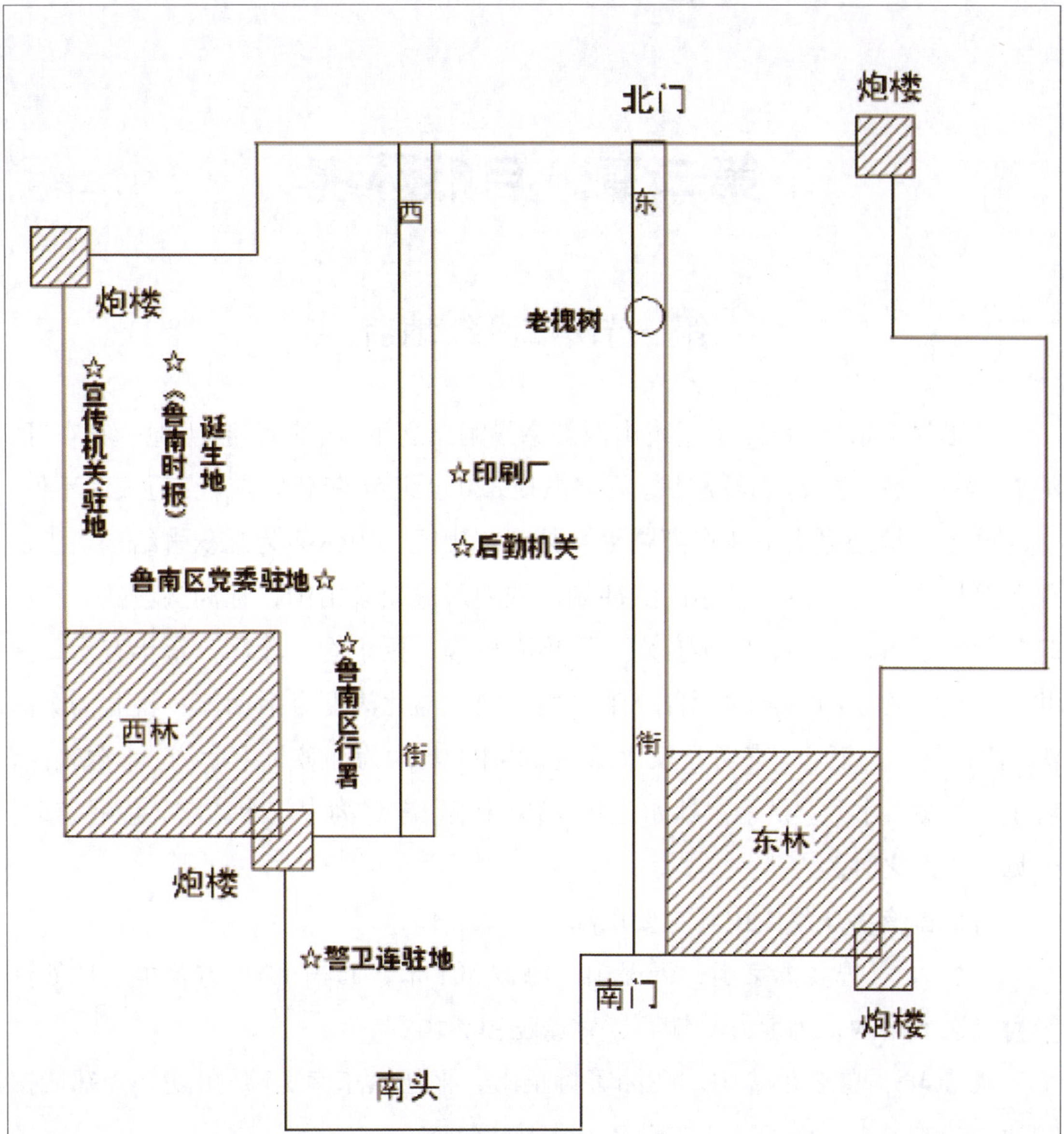

油篓古村（古围墙）示意图　图 1-1

第二章　自然环境

第一节　地形　地貌

油篓村东依高山，处于莲花山西部悬崖峭壁之下，西滨蓝河。土地分布在“四沟五梁一面坡”之上，山岭起伏，沟壑纵横，20世纪60年代以前，交通极为不便。

油篓村地处尼山山脉东部暨平邑县南部山区，山体多为沉积岩结构，上层覆盖厚层石灰岩。由于多年山洪冲刷，域内形成众多山沟，且沟深坡陡。自南起有：茄子蒋；南沟，常年有水，下称石板沟；栗子沟；北沟，常年有水，上井以东之上称东沟；下沟，自小鳖窝始，向西与北沟汇合后西流；再北为梨园沟，西行与下沟汇合，直通昌里水库等。其中，北沟为油篓村生命沟，水源充沛，有上、下两口水井，供全村饮水之需。1964年以前，沟中流水潺潺，鱼虾游动，未见有干涸之时。

村周围有多座尼山山脉主要山峰。

天宝山　曾名苏家崮、天保山。海拔501米，面积11平方公里。地处油篓村东之大峪沟，为地方、铜石、郑城三镇界山。

观音山　曾名母子山。在油篓村正南。平邑镇东南25公里处，为郑城镇和地方镇的界山，面积3平方公里，海拔641米。

吴王崮　在油篓村东2公里处，面积2平方公里，海拔653.9米。东侧有灵泉和灵泉观。相传春秋时吴王伐鲁被困于此，故名。吴王崮西侧即为油篓村域地界东部，再西即油篓东山之九顶莲花山。

和尚崮　位于铜石镇东南10公里处，为原天宝山乡和铜石镇的界山。处于油篓村东南，与轿车山相连。

九顶莲花山　位于郑城镇桃峪、油篓村东侧，东有小王崮、吴王崮，西北山脚下为昌里水库。山坡遍植梨树、山楂树和金银花等。面积4平方公里，海拔510米。山体为沉积岩结构。

九顶莲花山自北部大崮顶起，从二崮顶向南一字排开，九顶连珠，酷似莲花怒放，与观音山（旧称母子山）相连，当地俗称九顶莲花山。西侧山势曲折蜿蜒，老百姓称其“九顶莲花山，一溜十八拐”。山西崖壁直立，非经山门无法攀爬。山门依次有燕窝、南山门、东山门、北山门，再北为狗唉门、滑石门，再北为北山窝之东黄崖门。山下有大仙姑、二仙姑之传说。有猴子石、油篓石、竖山楼子、拥军洞（李贵久掩护伤员之处）等景观。

第二节　土壤 植被

一、土壤

据《平邑县志》记载，平邑县的土壤，可分为棕壤、褐土、潮土、砂姜黑土4个土类、9个亚类、17个土属、43个土种。油篓村内土壤为棕壤、褐土，属地带性土壤，分沙土（花岗片麻岩）和黄土两大类型。黄土地土质黏性大，透水性差，干旱易板结。沙土地透水性强，极易造成干旱。

九顶莲花山与天宝山、观音山、大巡山等土壤分布相同，为“青石戴帽”的低山土壤分布，上部为钙质岩，中下部为酸性岩（花岗片麻岩）。土壤类型为钙质岩硬石底薄层或中层褐性土。主要特点是岩石裸露，土壤零星分布，土层薄，砾石多，植被稀少，水土流失严重，造林难度较大。

莲花山崮顶具有突出的岱崮地貌特征，下部多有红褐色页岩出露，也有黄色页岩层出露地面。

村之东自梁子南（南部为桃峪地界）往北山坡为沙土，多砾石，当地俗称山梁子，如南山梁子、北山梁子、里山窝、十八拐等，适于栽植果树。黄梨、山楂是该村主要特产，已有数百年的栽培历史。每当春暖花开，漫山遍野花开似锦，堆雪铺玉，盛景无限，有“金油篓”之赞誉。

村庄以西，山沟两旁，经多年洪水冲刷，形成东西走向的条状台子地，当地称为黄土台子，黄土覆盖，为沃野良田。有几块著名的洼子地，群众称之为村里的粮仓，养育了数十代油篓村民。

二、植被

油篓村植被按中国植被区域划分，属于暖温带落叶阔叶林区域鲁中南低山丘陵栽培植被区。整体来说，20世纪60年代以前，山上无有树木，只有杂草生长，60年代后期植树造林，主要有松树、马尾松、刺槐等。森林覆盖率在山地面积的80%以上。

果树主要生长在村东山坡地带及房前屋后。

山顶部覆盖植被中，主要品种有荆条、酸枣树（圪针）、棠梨子（棠郎头）、胡枝子、野生金银花、卫茅、五加皮、豆芽子棵等灌木。黄草、白草、狗尾巴草、掐不齐、匐草巴子、节股草、茅草等野生植物，在山地丘陵、田间地头分布较为广泛。另有许多具有药用价值的植物。

第三节　自然资源

一、土地资源

油篓村域面积为365.84公顷，折合5487.6亩。其中，已造林地2100亩，占总面积的 38.3%；牧草地1091.25亩，占总面积的19.89%；果园1507.35亩，占总面积的27.5%；耕地564亩，占总面积的10.27%；其他住宅用地225亩，占总面积的4.1%。

二、动物资源

鸟类有啄木鸟、猫头鹰、燕子、喜鹊、灰喜鹊、山鸡、鹌鹑、斑鸠、杜鹃、乌鸦、麻雀、黄雀、鹞鹰、苍鹰、云雀、鸽子、黑老鸹、红嘴老鸹、山画眉、额篮子、叽叽迷子等。

兽类有草兔、家兔、黄鼠狼、獾、狼、狐狸、刺猬等。

昆虫类有螳螂、瓢虫、赤眼蜂、蜜蜂、蝉、蝴蝶、蟋蟀、蜻蜓等。

鱼类有鲤鱼、鲫鱼、草鱼、鲢鱼、鲶鱼、乌鱼、鳝鱼、泥鳅等。

爬行类有蛇、蜥蜴、壁虎（蝎虎）、鳖（团鱼）等。

另有青蛙、蟾蜍（疥蛤蟆）、蝎子、土元（土鳖）、壁虎（蝎虎子）、蚰蜒、螃蟹、水蛭（蚂蟥）、蚯蚓、马陆（千足虫）、蜗牛等。

三、植物资源

木本植物主要栽培有榆树、椿树、楸树、檀木树、柞树（梣罗）、柳树、枰柳树（果实像串串小鸭而称为枰柳鸭子树）、国槐、刺槐（洋槐）、松树、柏树、楝子、桑树、马尾松、毛白杨、加拿大杨、二杨、梧桐等。

果树主要有黄梨、山楂、柿子、核桃、樱桃、杏、桃、李子、荃子、栗子、花椒等。其中黄梨主要品种有子母梨、粗皮甜梨、油绵梨、鸡子绵梨、鸭梨、鹅梨、槎子梨、坠子梨等。

野生中草药主要有金银花、丹参（红娘子根）、半夏、地黄（蜜罐子棵）、虎杖、卷柏、石苇、香附、桔梗、远志、栝楼、苍耳（黏黏腔子）、车前子（车辙子棵）、益母草、茵陈、翻白草、小蓟、蒲公英（勃勃丁）、苦菜、栝楼、半夏、柴胡、喇叭花（牵牛花、姜良子、二丑）、白头翁（老鸹花）、白茅根等。

水生植物有莲藕、苇子、蒲草等。

第四节　自然灾害

一、旱灾

油篓村一年四季都有可能发生干旱，干旱是当地主要自然灾害之一。1949～2000年，每年都有不同程度的旱灾出现，其中重灾5年：1949年4月27日～8月18日无雨，粮食减产或绝产。1959年，干旱，全村成灾耕地面积500余亩，山地果树多枯死。1968年，夏季降水量158.5毫米，较历年同期平均值少364.6毫米，造成秋季作物严重减产。1981年，春、夏、秋连续干旱，粮食减产。1983年冬～1984年春、夏持续干旱，河沟全部断流，人、畜吃水困难，果树受灾严重。1988年，平均降雨仅有414.7毫米，比历年平均值减少370.1毫米。1998年暑旱，村民吃水困难。

油篓村地势东高西低，处在半山腰地带，一遇干旱天气，水位急速下降，造成严重旱情。凡遇全县普遍干旱天气，油篓村必定是重灾区。特别是发生春夏干旱时，正值山果坐果期，造成减产或绝产。

二、风灾

风灾主要由干热风、龙卷风、大风所造成。

干热风 俗称“西南火风”。以5～6月最常见，以5月下旬次数最多。1962年5月17日～25日，干热风持续8天。干热风使植物蒸腾加剧，水分失调，叶茎凋萎，尤其导致小麦灌浆不足、麦芒炸开、青枯，籽粒干瘪，造成减产或绝产。油篓村干热风危害严重的年份有1962年、1965年、1966年、1968年，小麦减产三四成，有的减产达七成。

龙卷风 常发生在盛夏之际的高温天气，多因山坡与谷地温差过大、气流冲击力强而形成。1962年6月25日15时许，郑城公社北部受到龙卷风袭击。油篓村离风道过近，庄稼匍匐，山果被吹落遍地。

大风 油篓村大风天气以秋天最为集中，每两三年便有一场大风出现。每遇大风天气，因山势陡峭，地形多变，风向不定，对黄梨、山楂等影响最大。每到中秋节前后，一遇大风，抢收黄梨就成为当务之急。

三、雹灾

冰雹是油篓村的主要自然灾害之一。5～9月都有可能发生，以6月出现最多，强度也较大。在一日中，冰雹多出现在午后到傍晚。冰雹持续时间不长，一般三五年便有一次雹灾发生。1964年春夏之交，油篓村遭受一次较为严重的雹灾袭击，青苗被砸坏，果树刚坐果实就被击落。

四、其他灾害

虫害 农作物害虫甚多，主要有蝗虫、黏虫、蛴螬、蝼蛄、地老虎、蚜虫、红蜘蛛、钻心虫、造桥虫等。玉米螟、红蜘蛛、蛴螬对农作物和果树危害最大。如防治不及时，往往造成灾害。据老人回忆，1952年4月，全村小麦遭受蚜虫、红蜘蛛、小青虫危害，减产三四成。夏季，高粱普生黏虫，每穗虫子多者百余个，少者不下50个，农作物减产后，农民在播种时洒农药，防治害虫。果树病虫害时有发生，农民通过喷洒农药防止减产。2000年以来，果品销路不畅，农民对果树疏于管理，红蜘蛛灾害频发。红蜘蛛害虫尤其对山楂树枝叶危害最大，轻者枝叶干枯，重者整棵树死亡，此类虫害多发生在春夏之交。

鼠害 中华人民共和国成立前，油篓村曾发生过鼠害，因无记载史料，不可考据。从 20 世纪 60 年代以来，由于广泛使用化学农药防治害虫，加之药物灭鼠，导致家猫、猫头鹰、黄鼠狼等鼠类天敌逐渐减少，鼠类密度加大，鼠害日趋严重。虽然采取诸多措施，常年灭鼠，但鼠害还是不断发生。老鼠不仅损害农作物，还传播多种疾病，特别黑线姬鼠传播的流行性出血热，对人的危害很大。油篓村亦有人遭受其害。

第三章　人　口

第一节　人口数量与结构

一、人口数量

因户籍资料缺失，中华人民共和国成立前的人口数量已无记载。

中华人民共和国成立初期，据有关当事人（会计）估计，全村大约有500人。到1964年，全村人口已达到681人。1990年第四次全国人口普查，全村1165人，其中1队456人、2队233人、3队286人、4队190人。从中华人民共和国成立初期至1990年40年间，人口翻了一番多。2010年，第六次全国人口普查，全村人口为1212人。1990年至2010年，因计划生育工作的开展，人口发展受到控制，20年间人口只增长47人。2017年年底，全村405户，1414人。

二、人口结构

人口结构较为均衡，以青壮年为主，老年人只占全村总人口的6.64%。

性别结构　据2017年年底统计，全村总人口1414人。1～10岁，男119人、女77人，计196人，占总人口的13.86%，性别比为1∶1.54；11～20岁，男105人、女69人，合计174人，占总人口的12.31%，性别比为1∶1.53；21～30岁，男87人、女81人，合计168人，占总人口的11.88%，性别比为1∶1.27；31～40岁，男93人、女95人，计188人，占总人口的13.30%，性别比为1∶1.01；41～50岁，男121人、女97人，合计218人，占总人口的15.42%，性别比为1∶1.28；51～60岁，男121人、女116人，合计237人，占总人口的16.76%，性别比为1∶1.05；61～70岁，男74人、女59人，合计133人，占总人口的9.41%，性别比为1∶1.34；71～80岁，男27人、女37人，合计64人，占总人口的4.53%；81～90岁，男15人、女16人，合计31人，占总人口的2.19%；90以上5人，男2人、女3人，占总人口的0.35%。

1～10岁、11～20岁，两个年龄段男性明显多于女性，出现比例失调现象。21～30岁、31～40岁、41～50岁、51～60岁四个年龄段性别比处于正常范围。

文化结构　2017年年底，全村总人口1414人，其中文化程度（学前儿童除外）中文盲161人，占全村总人口的11.39%；小学文化程度556人，占全村总人口的39.32%；中学文化程度510人，占全村总人口的36.07%；大学文化程度56人，占全村总人口的3.96%。

二、变动

自然变动　中华人民共和国成立前，每遇大的灾害发生，人口出生率便降低，死亡率提高。由于经济落后，医疗卫生条件差，人口增长率极低，有时出现负增长。中华人民共和国成立后，随着社会的发展，村民的死亡率维持在一个较低的水平上。从1949年到1964年的15年间，人口增加了181人，平均每年增加12人。特别是在三年困难时期，全村人口出生少，每年平均死亡数十人，人口出现了负增长。

据2000年至2017年当年的人口自然增长率统计，2000年为4.72‰，2001年为0.9‰，2002年为4.4‰，2013年为3.02‰，而其他年份自然增长率相对来说，则是比较高的。

机械变动　人口迁移以婚嫁迁入及迁出为主。随着社会的进步，升学、招工、“农转非”也成为人口变动的重要因素。但具体迁移人数缺少专门统计。

三、人口现状

油篓村为长寿村。

据李兴民2017年6月底统计，全村70周岁以上至100周岁以下总人口为94人，男性35人，女性59人，占全村总人口的6.64%。其中70～79周岁的58人，男性22人，女性36人；80～89周岁的31人，男性11人，女性20人；90周岁以上的5人，男性2人，女性3人。女性人口明显多于男性人口。

70～79周岁：

男性：李广恩（75周岁）、李京海（75周岁）、李庆云（73周岁）、李庆来（71周岁）、李中云（74周岁）、李吉海（72周岁）、李吉文（79周岁）、李荣新（78周岁）、李荣俊（78周岁）、李吉才（76周岁）、黄守才（71周岁）、李洪为（73周岁）、李洪夫（76周岁）、李洪柱（77周岁）、林清平（74周岁）、李广海（70周岁）、李吉廷（71周岁）、李广发（73周岁）、李洪云（75周岁）、李广夫（79周岁）、李洪运（75周岁）、李广为（79周岁）

女性：李广荣（74周岁）（李京海妻）、燕如英（73周岁）、李思珍（74周岁）、胡长兰（73周岁）、孟兆荣（76周岁）、徐纪英（71周岁）、季化兰（72周岁）、郭庆兰（76周岁）、李炳娥（74周岁）、夏京兰（78周岁）、李广荣（77周岁）（李荣俊妻）、张开香（70周岁）、王志美（76周岁）、孙丙英（70周岁）、段夫娥（76周岁）、周德芝（77周岁）、冯纪英（72周岁）、陈自学（78周岁）、刘成兰（75周岁）、李广英（78周岁）、孔庆香（72周岁）、王彦玲（72周岁）、李吉珍（77周岁）、张开莲（74周岁）、林化荣（77周岁）、吴进荣（70周岁）、刘文珍（71周岁）、冯兆英（71周岁）、林清英（75周岁）、周昌英（79周岁）、徐德荣（74周岁）、李京秀（75周岁）、肖彦学（77周岁）、王广连（74周岁）、刘金美（75周岁）、巩祥娥（75周岁）

80～89周岁：

男性：李京才（82周岁）、李京水（87周岁）、李庆才（86周岁）、徐德运（80周岁）、李荣生（84周岁）、李荣友（81周岁）、李兴正（80周岁）、李广路（81周岁）、李洪景（80周岁）、李贵成（88周岁）、李洪才（84周岁）

女性：李红（86周岁）、徐向英（80周岁）、李洪英（81周岁）（李庆才妻）、李京英（86周岁）（1队）、李广荣（80周岁）（李京贵妻）、李张氏（83周岁）、林清英（81周岁）（李荣友妻）、徐同香（81周岁）、孟广兰（87周岁）、李云举（81周岁）、冯希英（80周岁）、李京兰（88周岁）、徐瑞英（80周岁）、朱传英（87周岁）、朱仁英（85周岁）、刘学荣（88周岁）、李京英（84周岁）、周昌新（84周岁）、彭丙玉（83周岁）、巩祥荣（89周岁）

四、人瑞

李广德生于1918年，实际年龄99岁，虚岁100岁（户籍登记只有90岁，与实际年龄少记10岁），为油篓村年龄最大者，妻早年去世，生有四子三女。刘夫文（李广四妻）2017年95岁，生有三子三女。李广英（徐德元妻），年龄为94周岁，生有一子四女。张广英（李贵兰妻），年龄为94周岁，生有二子四女。李广元为90岁，有子女五人，其中四子一女。加上已去世的徐老太（徐思田妻）（100周岁）、李荣义（93周岁），至2017年6月底止，全村共有90周岁以上的老人7人，在世的5人。

2000年至2017年油篓村部分年份人口变动统计表

表3-1

年份	总人口（人）	出生	出生率	死亡（人）	死亡率	自然增长率
2000	1112	12	10.8‰	7	6.28‰	4.72‰
2001	1113	9	8‰	8	7.1‰	0.9‰
2002	1118	13	11.6‰	8	7.1‰	4.4 ‰
2003	1126	16	14‰	8	7.1‰	6.9‰
2004	1142	25	21.7‰	9	7.8‰	13.9‰
2005	1149	17	14.6‰	9	7.7‰	6.8‰
2010	1281	18	14.05‰	9	7.02‰	7.02‰
2011	1297	16	12.33‰	9	6.9‰	5.4‰
2012	1311	14	10.67‰	8	6.1‰	4.57‰
2013	1324	13	9.81‰	9	6.79‰	3.02‰
2014	1345	21	15.61‰	9	6.69‰	8.92‰
2015	1359	14	10.30‰	9	6.62‰	3.67‰
2016	1385	26	18.77‰	10	7.22‰	11.55‰
2017	1414	29	20‰	12	8.5‰	11.8‰

2017 年年底油篓村民文化程度统计表

表 3-2　　　　　　　　　　　　　　　　　　单位：人

年龄	性别		文化程度			
	男	女	文盲	小学	中学	大学
1 ~ 10 岁	119	77	—	65	—	—
11 ~ 20 岁	105	69	—	78	96	—
21 ~ 30 岁	87	81	—	35	95	38
31 ~ 40 岁	93	95	12	45	123	8
41 ~ 50 岁	121	97	10	87	115	6
51 ~ 60 岁	121	116	38	144	51	4
61 ~ 70 岁	74	59	45	58	30	—
71 ~ 80 岁	27	37	31	33	—	
81 ~ 90 岁	15	16	20	11	—	—
90 岁以上	2	3	5	—	—	—
合　计	764	650	161	556	510	56

第二节 婚 姻

一、婚姻缔结

旧时缔结婚姻，由于受天命思想和宗法观念的影响，恪守“父母之命，媒妁之言”，讲究“门当户对”，主婚权完全操于父母老人之手，成婚者无自由可言。富豪及殷实人家联姻，多以门第和钱财为基础，而穷苦人则重人不重财，多以男方谋生能力大小、体格强弱、品德好坏而定。

中华人民共和国成立后，革除旧俗，树立新风，广大青年从封建枷锁中解放出来，男女平等，婚姻自由，妇女的合法权益受到保护，婚姻缔结的基础发生变化。20 世纪五六十年代，婚姻结合多以政治条件为主，不甚讲究对方经济状况。党团员、干部、积极分子自由恋爱结婚者居多；革命军人、脱产干部及工人为女青年选择的理想对象，如有些在农村一时找不上对象的青年，参军后即可找到理想的伴侣；以家庭出身为主要联姻条件，贫下中农青年忌与剥削阶级家庭出身的青年结婚，地主富农家庭出身的女青年向往中农、贫下中农家庭。因家庭出身不好而找不到对象的男青年则不得不和出身相同的家庭联姻，有的甚至实行换亲、转亲。直至“文化大革命”后期，这种联姻风气仍盛行。70 年代后，青年联姻仍重政治条件，但已多向经济方面转移，农村女青年向往经济富裕的村庄、经济宽裕的家庭。农村实行生产责任制后，丰富了农村的物质文化生活，青年人的婚姻观念也随之发生变化，基本打破了过去以阶级成分联姻的框框。他们大多摆脱了家庭、社会的压力，自由恋爱或由他人介绍，双方同意后结为夫妻，多以对方家庭经济状况或本人的生产经营能力为主要择偶标准。

二、婚姻制度改革

1940 年 5 月，鲁南区党委机关进驻油篓村后，在共产党的领导下，村妇救会成立，姐妹团、识字班、民兵等群众团体积极组织妇女学政治，学军事，学文化，参加各种社会活动，妇女觉悟不断提高，翻身求解放的潮流势不可挡。

中华人民共和国成立后，中央人民政府于 1950 年 4 月 30 日颁发了《关于实行中华人民共和国婚姻法的命令》。1951年6月和1952年6月分别召开的平邑县第六届、第七届各界人民代表会议，都把贯彻婚姻法作为施政工作报告的主要内容，并通过决议在全县贯彻实施。1952年，县政府成立了平邑县贯彻婚姻法委员会，具体领导宣传贯彻婚姻法工作。经过宣传教育，提高了油篓村干部群众的思想认识，在废除封建的婚姻制度、实行男女平等、一夫一妻、婚姻自由等方面都取得了一定成绩。1980年9月，国家重新修改公布了婚姻法，婚姻自由进一步受到法律保护，自由恋爱、晚婚晚育、寡妇再嫁、老年再婚等已普遍被村民所接受。

三、婚姻形式

通常分为一般形式、入赘、再婚、娃娃亲、童养媳、转亲换亲等几种。

一般婚姻 由他人介绍同意后，女方出嫁到男方家庭生活，女方操持家务，男方在外劳作、经商、挣钱。

入赘 入赘是母系氏族婚姻制度的遗俗。旧时，男方因经济条件差而娶不上媳妇者，或女方家中无男性子嗣急需劳动力和传宗接代的家庭，多考虑采取入赘的形式。男子入赘后随妻姓，子女亦如此。中华人民共和国成立后，有男子入赘，即“女娶男”，但要求不严格，男女双方可商量办事，从妻姓或夫姓均可。

再婚 旧时，受封建礼法的约束，男子休妻或妻子死亡后可以再婚，而女子被休弃或丈夫死亡则不能再嫁，甚至女性订婚而丈夫死亡后也不能再嫁，过着凄惨的守寡生活，“从一而终”被认为是女子的美德。东街李灿珠之妻李王氏，23岁守寡，至80余岁病逝，清光绪、宣统年间，皇帝敕令为其修建节孝碑，费县知事亲题“节孝可风”四字以示褒扬。中华人民共和国成立后，婚姻法赋予离异者或丧偶者再婚的权利。随着社会的发展，村民的思想不断地进步，再婚者已不再受到歧视。

娃娃亲 旧时男女尚幼，双方家长即为其议婚、定亲。日后，节日庆吊相互往来，至婚定年龄方可择吉成婚。“文化大革命”以前，多有违约抗婚者，现时，娃娃亲现象已杜绝。

童养媳 俗称“团圆儿媳妇”。中华人民共和国成立前，贫困家庭的姑娘，父母因无力抚养，七八岁时即托人说媒，成亲后寄养在男家，多受虐待。俟长大成人后，择吉婚配，多无嫁妆陪送。中华人民共和国成立后，童养媳现象即消失。

换亲与转亲　旧时，男子或年龄大，或面貌丑陋、有疾，或家境贫寒难以成婚时，家长即为其包换亲事，以双方（或多方）姊妹互换成亲，俗称“换亲”。“转亲”至少三户人家参加，有的多至五六家，经媒人撮合，轮流相互成亲。中华人民共和国成立后，油篓村未见此类婚姻形式。换亲或转亲的男女双方缺乏感情基础，逼婚、抗婚屡有发生。

四、婚龄

解放前，婚姻经过媒人和父母包办，属相相合、年龄相近即可婚配。男方比女方大十几岁的情况常有。

中华人民共和国成立后，中央人民政府委员会第七次会议于1950年4月13日通过《中华人民共和国婚姻法》，规定男20岁、女18岁为法定结婚年龄，同年5月1日施行。1980年9月公布修订后的《中华人民共和国婚姻法》，规定男22岁、女20岁为法定婚龄，并于1981年1月执行。2001年修改《中华人民共和国婚姻法》时，仍规定男22岁，女20岁为法定婚龄。油篓村严格执行婚姻法，适时办理男女青年婚姻登记有关手续，无违法登记结婚现象出现。

1988年7月20日，山东省第七届人民代表大会常务委员会第四次会议通过《山东省计划生育条例》，为配合全国计划生育政策的需要，提倡晚婚、晚育。规定男年满25周岁、女年满23周岁初婚的为晚婚。女年满23周岁初婚生育的为晚育。此后，油篓村结婚年龄严格按此规定执行。

一般情况下，结婚年龄仍按婚姻法规定年龄执行办理。油篓村多年来认真执行婚姻法和有关计划生育、晚婚晚育的政策，多次受到上级政府的表扬。

五、婚姻状况

中华人民共和国成立前，由于封建伦理道德的束缚，妇女没有人身自由，穷苦的男子很多逾而立之年方娶亲，有的终生不能成家。加之逼婚、典妻、押妻等社会丑恶现象的出现，婚姻处于很不稳定的状态。

中华人民共和国成立后，提倡男女平等，婚姻自由，离婚者甚少，基本处于稳定的阶段。据2017年统计，全村21岁及以上人口1109人，其中未婚92人，占总人数的6.5%；有配偶的957人，占总人数的67.68%；丧偶的有60人，占4.2%；离婚人数极少。

2017年底油篓村村民婚姻状况统计

表3-3

年龄	性别		婚姻状况		
	男	女	已婚	未婚	丧偶
1～10岁	119	77			
11～20	105	69			
21～30	87	81	108	60	
31～40	93	95	178	10	
41～50	121	97	209	9	
51～60	121	116	231	6	8
61～70	74	59	133	5	11
71～80	27	37	62	2	20
81～90	15	16	31		17
90以上	2	3	5		4
合计	764	650		92	60

第三节　家　庭

一、家庭结构与职责

中华人民共和国成立前，村内家庭规模一般比较大，四世同堂或五世同堂者人口多有几十人，受封建社会伦理道德的影响，维持家庭不变是每个男子的美德。分家或不分家一般由家庭中长辈提出，根据家庭情况决定是否将后代分出去单过，晚辈很少有自己提出分家的要求。穷苦百姓则小门小户者多，他们为生活所迫，婚后不得不另立门户，自谋生存。中华人民共和国成立后，随着经济制度的不断变革和计划生育措施的实施，家庭结构逐渐由大变小，向小家庭发展。1964 年，全村总人口 681 人，135 户，平均每户 5.04 人。2015 年年底，全村 392 户，1348 人，平均每户 3.44 人，和 1964 年相比每户人口下降了 1.56 人。

家庭结构　一般分为联合家庭、直系家庭、核心家庭以及独身家庭 4 类。联合家庭多为中华人民共和国成立前的富裕人家，兄弟数人不分家，上有父母，下有子孙，共同维系大家庭的荣耀，向往“四世同堂”“五世同堂”，以“家大业大”“子孙满堂”为荣。此类家庭在土地改革后即开始解体，至 20 世纪 50 年代后期已不多见。直系家庭多为祖孙三代组成的五六口之家，由父母治内理家，看管孩子，儿子、媳妇等参加生产劳动，此类家庭独子户居多。生产责任制后，此类家庭显示了其优越性。核心家庭多由夫妇及未成年子女组成，一般为两代人三四口之家，现时此类家庭占家庭总数的绝大部分。为避免不必要的家庭纠葛，子女婚后多析出单过，由夫妇二人组成小家庭。独身家庭或五保户，多为鳏寡孤独户。

家庭生产　中华人民共和国成立前，家庭生产局限于小农生产，追求的是自给自足，中华人民共和国成立后，油篓村逐步走上合作化的道路。土地入社后，人们以参加集体劳动为主，家庭生产被限制在自留地及饲养家畜、家禽的范围内，家庭则演变为单纯的生活单元。“文化大革命”后期，收回自留地，限制饲养家畜、家禽，家庭生产功能基本消失。进入 20 世纪 80 年代以后，油篓村实行农业生产责任制，家庭在社会生活中的地位又一次突出，一家一户成为一个生产单位，或务农，或经商，或做工。家庭生产也由传统的封闭式的自然经济向开放型的商品经济转化，出现各种专业户及经济联合体。改革开放以后，人们除经营好责任田、管理责任树以外，多数村民外出打工挣钱，油篓村成为当地有名的煎饼专业村。2017年年底，从事商业饮食服务业的专业户有350户，从业人员700余人。

家庭教育 旧时家教多以忠孝节义为主要内容，富家教子侧重升官发财、光宗耀祖；贫家教子则着眼于勤劳节俭、安分守己。中华人民共和国成立后，党和政府注重理想、道德、法制教育，家庭教育内容也随之发生了变化。20世纪50年代至70年代，家庭教育与社会教育相结合，工农家庭常以阶级斗争、忆苦思甜为主要教育内容，启发子女不忘本、政治上求进步、全心全意为人民服务。家长言传身教，为子女树立榜样。此类家庭的子女上进心强，涌现出许多人才。出身不好的家庭多教育子女遵纪守法、安分守己。20世纪80年代后，家庭教育普遍受到社会及家长的关注，家长除对子女进行理想、情感、意志、品质、行为等非智力因素的教育外，特别注重对子女的智力开发及智力投资。

二、文明家庭

自20世纪90年代，油篓村开展评选文明家庭活动，发扬中华民族优秀传统美德，破除封建迷信，扫除歪风邪气，增进家庭民主和睦，实现社会风气根本好转。大力开展“学雷锋”、“学英雄”和“五讲四美三热爱”（即讲文明、讲礼貌、讲卫生、讲秩序、讲道德，心灵美、语言美、行为美、环境美，热爱祖国、热爱人民、热爱中国共产党）等活动，开展五好家庭、文明家庭、好媳妇、好婆婆等社会活动评比，挂光荣牌，张贴光荣榜，极大地提高人们的思想道德水平。

通过各种评比活动，树立新风，弘扬正气，村民热爱集体，遵纪守法，尊老爱幼，家庭和睦，邻里团结，互相帮助，良好风尚蔚然成风。油篓村人继承和发扬了中华民族仁义诚信、明礼守法、正直宽厚、勤劳勇敢、孝顺长辈、勤俭持家、与人为善、助人为乐的优秀品德，促进了文明和谐新农村建设。

2017年年底，经村民推举，油篓村文明家庭有：李广学家庭、李吉传家庭、庄立香家庭、李洪信（一队）家庭、李洪太家庭、李洪景家庭、李洪夫家庭（四队）等。

第四节　计划生育

旧社会，由于受“多子多福”思想的影响，一般家庭生育四五个孩子是平常之事，有八九个孩子的家庭亦有多家。进入 20 世纪 70 年代后，计划生育工作受到重视，各级党委、政府都把计划生育工作的宣传发动列入重要议事日程。油篓村积极响应党的号召，按照上级部署，成立计划生育领导小组和计划生育协会，通过各条渠道，采取各种方式，利用图片、黑板报、宣传栏、文艺节目等形式，广泛地向人民群众宣传计划生育政策、人口理论、科学节育知识和计划生育利国利民道理，提高人民群众实行计划生育的自觉性，树立起优生优教的风尚。

1988 年，油篓村根据《山东省计划生育条例》规定，实行晚婚的，婚假增假 14 天；实行晚育的，产假增假 60 天，福利待遇按出勤对待。对实行晚婚、晚育的，免除 1 年集体义务劳动工。

油篓村从 1980 年起，对只有 1 个孩子，保证不再生育第二胎的夫妇，经本人申请，经上报批准发给独生子女证和奖品。农村实行家庭联产承包责任制后，多分给 1 人的责任田，或从村提留中补助相应的现金或粮食，并优先规划宅基地。

油篓村为更有效地开展计划生育工作管理和服务，建立健全查访制度。查访工作由妇联主任代管，配备查访员配合管理区工作人员开展工作，坚持 1 月 1 次对已婚妇女孕情、妊娠情况进行摸底，并向育龄妇女提供优生优育、产前、产后以及药具等方面的服务。

第四章　村级政权及党群组织

第一节　村级政权更迭

油篓村级政权的建立始于1940年中共鲁南区党委进驻油篓村后。在中共鲁南区党委的帮助下，组织成立了村政权，李贵环任村长，李广伦、李广余先后任柴粮委员，李广聚、李广存先后任治安委员，至1954年。

一、农业合作社时期

1953年冬至1954年春，油篓村成立了初级农业生产合作社。1956年，转为高级农业生产合作社。1953年5月至1958年年底，李广存任油篓村农业合作社初级（高级）社社长（村长）。初级社成立后，李贵范任经济保管（即出纳），至1958年9月病逝。后由徐德元继任村经济保管。李洪元于1956年起任村会计，1958年成立生产大队时，仍任会计职务。

二、生产大队时期

生产大队（简称大队）是农村地区在人民公社时期存在的农村基层组织。其前身为“自然村”，1958年冬实行人民公社制度以后，村过渡至大队，李广存任大队长，林化柱、李广合先后任副大队长，李洪元任大队会计，至1966年。

公社化时期，负责人有大队长、副大队长，其他班子成员还有民兵连长、妇女主任，另外还有会计和出纳各1人。中国共产党在大队设支部委员会，有支部书记和副书记，均为大队负责人。生产队和生产大队的干部均非国家行政人员，基本上全是本队成员，其工作待遇均实行“工分制”。

油篓村在1958年公社化后划分为4个小队，按区域习惯，北岭为第一小队，东街和西街为第二小队，庄南头为第三小队，山陂为第四小队，村干部划片包队。一队队长先后为李京胜、李中正、徐德全、李洪诗、李洪明；二队队长先后为李广明、李荣友、李广田、李洪山、李洪启等；三队队长先后为李洪柱、李广合、李贵金、李贵余、李吉忠、巩长青、李庆军、林清平等；四队队长先后为李广年、李洪珍、李洪云、李洪华。

“文化大革命”期间，李贵银、李京山分别担任革委会主任。李广存平反后继续任大队长职务。徐德元于1967年由出纳转为会计，至1969年去世。后由李广珍任会计，半年后由李洪生接任大队会计，至1975年3月。

1976年4月～1980年3月，李洪柱任大队长。1975年4月，村大队会计由李洪太担任，任期至2011年4月。

1978年以后，原生产小队改为组，生产的经营方式和分配方式发生根本性的变化。1982年冬，油篓村根据外地经验，开始划分责任田、责任树（果树）等。耕种、管理等农事活动由农民自己说了算，出现了群众自我管理、自我教育、自我服务的社会局面。

1980～1984年，巩继明担任大队长职务。

三、村委会

1984年4月15日，平邑县行政区划实行“政社分开”，改变人民公社生产管理体制，乡镇以下实行“队改村”，建立村民委员会。村民委员会设正、副主任和委员。村民委员会下设民政、调解、治安保卫、文教卫生、计划生育等委员会，村民委员会委员兼任各委员会主任。

1984年4月，村委会成立后，巩继明任村主任，至1999年1月。后由李吉忠接任，至2002年2月。

2002年3月～2017年12月，李洪成任村主任。

2011年5月，李兴民接任村会计。

2018年1月21日，第十二届村委会换届选举，李兴民任村委会主任，李洪成、李中红、李中英、左北营任委员。

第二节　共产党组织

1940 年 5 月，中共鲁南区党委进驻油篓村后，在区党委的直接领导下，村各界救国会、农民救国会、妇救会等组织也相继建立。油篓村广大青年增强了对抗日时局的认识，提高了政治觉悟。党组织在油篓村建立后，李广汉、李广慎、李广义、李广存等进步青年先后加入了共产党组织。

1940 年 6 月～1942 年 7 月，李广汉任村指导员（党支部书记时称指导员）、各救会会长。

1942 年 8 月～1943 年 7 月，李广慎任村指导员、农救会会长、武工队队长。

1943 年 8 月～1950 年 12 月，李广义任村指导员，李广存任委员。

1951 年，平邑五区（今郑城镇）桃峪乡建立，李广义调任乡长、乡党委书记，后免去村指导员职务。

1951 ～ 1954 年，李兴余任村指导员。

1954 年 5 月～1966 年 10 月，李兴同从部队复员回家后任村党支部书记，李广存任副书记。李京云 1955 年从部队复员后任支部委员。

“文化大革命”开始后，李兴同离职。

1966 年 11 月～1967 年 3 月，恢复党组织，李贵银任党的“文化大革命”核心组组长。

1967 年 4 月～1975 年 3 月，李京山任村党支部书记，李广慎、李京云任副书记，李广庆任委员。

1975 年 4 月～1977 年 3 月，李洪生任村党支部书记，李洪柱、李京云任副书记，李广庆、李中正任委员。

1977 年 4 月～1986 年 6 月，李洪柱任村党支部书记，李京云任副书记，巩继明、李广庆任委员。

1986 年 7 月～1994 年 12 月，李洪柱任村党支部书记，李洪成任副书记，巩继明、李洪太、李广珍任委员。

1995 年 1 月～2008 年 3 月，李洪成任党支部书记，巩继明、李洪太、李吉忠任委员。

2008 年 4 月 ~ 2011 年 4 月，李洪成任党支部书记，李洪华、李兴民任委员。

2011 年 5 月 ~ 2014 年 5 月，李洪成任党支部书记，李兴民任委员。

2014 年 6 月 ~ 2017 年年底，李洪成任党支部书记，李兴民任副书记，左北芹任委员。

2018 年 1 月，党支部换届选举，李洪成任党支部书记，李兴民任副书记，李洪华任支部委员。选举后，按规定李洪华辞去支部委员职务。

2018 年 10 月，李中战补选为支部委员。

2017 年底油篓村党员基本情况统计表

表 4-1

姓　名	性别	出生时间	入党时间	党内职务	学历
李洪成	男	1958-11-10	1980-10-01	书记	大专
李兴民	男	1974-05-12	2005-07-01	副书记	高中
李吉中	男	1953-02-13	1986-07-01		初中
李洪太	男	1954-02-18	1985-07-01		中专
巩纪明	男	1949-12-18	1972-06-01		小学
李吉传	男	1949-03-15	1972-03-01		小学
李洪营	男	1963-09-14	1987-07-01		小学
李洪先	男	1954-12-08	1975-10-01		高中
李广学	男	1942-11-05	1983-12-01		初 中
李广金	男	1968-11-08	1991-07-01		初中
李洪诗	男	1953-09-11	1996-05-01		小学
李洪华	男	1960-08-27	1996-05-01		中专

续表 4-1

姓　名	性别	出生时间	入党时间	党内职务	学历
李中战	男	1959-11-18	1998-08-01		初中
徐德义	男	1955-11-22	2001-08-01		初中
李洪江	男	1980-05-04	2002-08-01		高中
李洪柱	男	1941-07-06	1974-07-01		小学
李广顺	男	1953-06-10	1994-06-01		初中
李洪生	男	1940-01-08	1975-04-01		初中
李洪勤	男	1952-01-08	1980-04-01		初中
李吉华	男	1953-01-20	1994.03.10		中专
林立花	女	1976-10-09	2015-10-20		初中
林清花	女	1960-01-10	1990-06-01		初中

第三节　群团组织

一、农救会

在抗日战争和解放战争时期，农救会带领广大农民开展抗日救亡、减租减息、反奸诉苦、土地改革、参军参战、拥军支前等活动。1942 年 8 月～1943 年，李广慎任油篓村农救会会长。中华人民共和国成立后，农救会组织撤销。

二、妇救会与妇联

1940 年 6 月，费南、费北两县分别成立县妇女救国会（简称妇救会）。抗日战争时期，两县各区、村也相继成立了妇救会组织。

抗日战争和解放战争时期，广大妇救会员舍生忘死救亲人，拥军优属慰问伤病员。她们发动广大妇女动员亲人参军入伍，开展拥军支前活动。凡共产党部队途经境内或战斗结束后，妇女组织总是发动组织广大群众，召开联欢会、祝捷会等。鲁南战役、淮海战役前夕，油篓村妇女和全县广大妇女一起，突击碾米、烙煎饼、磨面、做军鞋等，以实际行动支援战斗。

解放战争时期至中华人民共和国成立初，孟兆英任村妇救会会长，胡如莲任副会长，胡如莲于 1950 年 6 月加入共产党。1950 年改称民主妇女联合会。1957 年改称为妇女联合会。1966～1973 年，因受“文化大革命”冲击，妇女组织瘫痪，活动停顿。1973 年，恢复建立平邑县妇女联合会，从公社到生产大队都恢复加强了妇女组织。

中华人民共和国成立后，油篓村妇联组织带领广大妇女学政治，学文化，参加识字班、冬学及扫盲运动，不少妇女摘掉文盲帽子，成为扫盲模范。20 世纪 80 年代后，广大妇女参加“五讲四美”、五好家庭等评选活动，为村文明建设做出了贡献。

自 20 世纪 50 年代到 80 年代初期，油篓村妇女组织负责人先后由彭丙玉、丁守荣担任。丁守荣因农转非搬家平邑后，由林清花任村妇联主任。2011 年 4 月林清花离职。自 2011 年 5 月起，李中英任妇联主任。

1978 年 2 月，丁守荣以妇代会主任身份参加了平邑县“农业学大寨工业学大庆”先进单位和积极分子代表会议。

三、共青团

1949年前，境内青年组织称为青年救国会。1949年春，青年救国会改称中国新民主主义青年团。1954年5月，李荣友任团支部书记。1957年，中国新民主主义青年团改称中国共产主义青年团。1967年1月~1976年7月，李洪光任团支部书记。1973年1月~1976年7月，李吉华任团支部副书记。1976年8月~1980年3月，李洪太任团支部书记。1980年4月~1984年3月，李洪村任团支部书记，其间获“平邑县优秀团员”“新长征突击手”称号。1984年4月~1989年4月，李洪成任团支部书记，其间获平邑县委“优秀团支部书记”表彰奖励。1989年5月~2002年3月，李洪德任团支部书记。2002年4月~2014年3月，李兴民任团支部书记。2014年4月~2017年12月，李仕伟任团支部书记。

四、民兵组织

解放战争时期油篓村民兵为革命做出了贡献，在当时发生的如鲁南战役、莱芜战役、孟良崮战役等重大战斗、战役中，都有油篓村的民兵出现，他们或抬担架，或看押俘虏，或运送给养，或运送弹药，个个争先恐后，冲锋在前头，多次受到上级领导的表扬。中华人民共和国成立后，在治理沭河、修建唐村水库和昌里水库建设中，参加施工的民工被编入民兵连，发挥了积极带头作用。

油篓村最高建制是民兵连，各小队被编为民兵排，每排分若干个民兵班。

1958年年底，油篓村成立了民兵连，李荣友任民兵连连长。民兵听从组织安排，分别排班，轮流站岗放哨，维护全村社会治安，对打架斗殴、小偷小摸起到了震慑作用。

“文化大革命”开始后，李荣友民兵连连长职务停止。“文化大革命”期间，民兵工作遭到严重破坏。1967~1980年，李广庆任民兵连连长。1972年麦收后，郑城公社武装部按照上级的要求，集合全社民兵在巩家山集训。由民兵连连长李广庆带队，副连长丁守荣和多名民兵参加集训。油篓村民兵连经过整顿后，工作走上正轨。

1980年~1986年6月，巩继明任民兵连连长，丁守荣任副连长。

1986 年 7 月～ 1994 年 12 月，李洪成任副书记、兼任民兵连连长。

1995 年 1 月～ 2007 年 3 月，李洪成村党支部书记、兼任民兵连连长。

2007 年 4 月～ 2017 年 12 月，李兴民任民兵连连长。

2018 年 1 月，李中红任民兵连连长。

第五章　红色革命堡垒村

第一节　鲁南区党委机关进驻油篓村

1940年3月，一一五师对日伪军发起白彦战斗取得重大胜利以后，为进一步巩固和发展鲁南抗日根据地，师部机关在罗荣桓政委的率领下，于5月进驻天宝山区，开辟天宝山区抗日根据地，以求尽快使天宝山区与抱犊崮山区根据地连成一片。

在一一五师进驻天宝山区的同时，筹备中的鲁南区党委机关于5月27日从沂南青驼寺移驻费县油篓村（今隶属平邑县郑城镇）。6月，中共鲁南区党委在油篓村正式成立。中共鲁南区党委隶属于中共中央山东分局，赵镈任区党委书记，组织部长魏思文、宣传部部长林乎加、民运部部长杨立中（琛）、政府工作部部长于化琪；委员有李乐平、杨士法、徐音、宋子成、吕志先等。

鲁南抗日根据地主要包括山东省南部和江苏省北部的部分地区，南起陇海铁路，北至滋（滋阳，今兖州）临（沂）公路，东至沂河、沭河，西滨南阳、独山、昭阳、微山四湖，包括山东省的济宁、滋阳、曲阜、泗水、邹县、滕县、峄县、费县、临沂、郯城和江苏省的沛县、铜山县、邳县（今邳州市）等14个县市部分或全部区域，该地区约有1万多个村庄，400余万人。总面积3.7万平方公里。

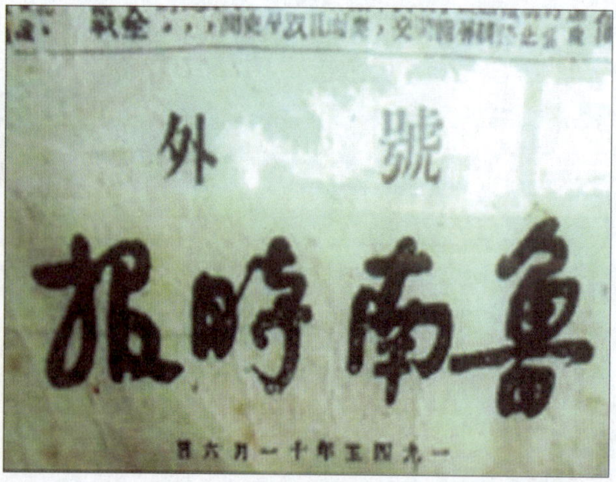

《鲁南时报》刊首

6月，鲁南专署、鲁南参议会在油篓村宣告成立，李乐平任专署专员，住李盛一家。7月1日，中共鲁南区党委机关报《鲁南时报》在油篓创刊，社址设在李贵范的东堂屋。林乎加兼任报社社长，总编辑白刃，罗荣桓题写报名。

9月中旬，根据中共山东分局和一一五师桃峪扩大会议（桃峪高干会议）的决定，建立鲁南军政委员会，罗荣桓任书记，赵镈任副书记。鲁南军政委员会机关设在油篓村，是统一领导鲁南地区抗日斗争的最高领导机构，油篓村遂成为当时鲁南地区政治活动中心。

中共鲁南区党委等机关进村以后，发动群众、组织群众，召开村民会议，通过访贫问苦等形式，对群众开展宣传教育工作。机关中许多工作人员经常深入农户，宣传共产党的抗日救国政策。他们寻找贫苦、正直、政治上无问题的人进行重点教育，培育积极分子，再通过积极分子串联发动一般群众，在全村形成了一个大力支持和拥护革命活动的革命群体。对那些抗日积极分子进行培养训练后，提高了他们的阶级觉悟，从中发展党员，建立党组织。李广汉、李广义、李广慎、李广伦、李广存、李兴同、李兴余等青年在区党委的教育培养下，带领群众积极投身革命，成为油篓村革命青年骨干，有的加入了共产党组织，有的参加各界救国会、农民救国会等组织。

机关工作人员以“三大纪律八项注意”为行动准则，以实际行动解除了群众的顾虑，受到群众的拥护和爱戴。

区党委机关团结一切可以团结的力量共同抗日，号召和帮助地方政府，大力发展和组建地方武装，认真做好改组地方民团的工作。经过耐心地说服教育，将油篓村李灿营的民团改编成抗日游击大队。

区党委机关还帮助油篓村组织成立儿童团、姊妹团、识字班等。区党委委派李贵范到车庄训练一个月，回村办起了抗日小学。此小学在艰难困苦的环境下坚持办学，一直到1945年秋。

抗战遗保护碑背面

市级抗战遗址保护碑

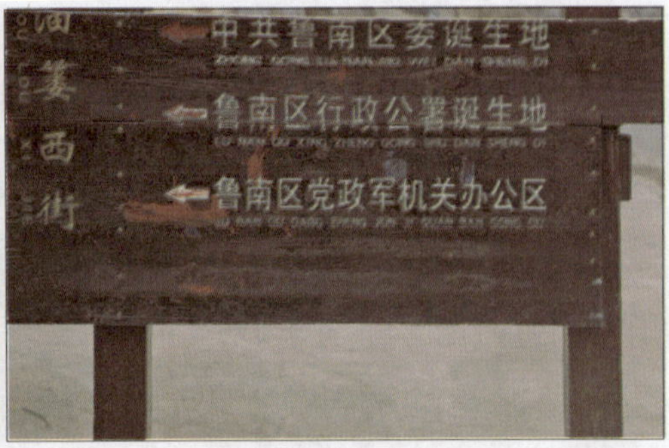

旅游路线指示牌

中共鲁南区委、行署驻地遗址及旧居

北海银行总部鲁南粮票工厂旧址

油篓村西街北首

《鲁南时报》创刊地旧

第二节　军民鱼水情

赵镈，山西省府谷县人。1926年加入中国共产党。同年受党的派遣到黄埔军校学习，任共产党地下连党支部书记。1927年大革命失败后，在北平、天津一带从事地下工作，两次被捕，坐牢7年。1939年后，任中共鲁西区委组织部部长、党校校长。1940年，鲁南区党委成立后，赵镈任鲁南区委书记，兼任鲁南军区政委、党校校长，住在油篓村领导开辟新区工作。当时鲁南地区已陷入日伪顽三面夹击的境地，斗争形势异常的艰苦和复杂，赵镈面对这十分险恶的环境，毫不气馁，英勇顽强地开展工作，不仅自己很好地团结党委“一班人”一道工作，还教育大家要团结一致，不断壮大革命力量，要求大家朝着一个共同的目标前进。他常和老乡拉家常，说：“革命不能靠一个人，也不能靠少数人，团结的人越多越好。”他非常重视统一战线工作，团结党外人士，壮大和发展了鲁南的抗日力量。一一五师驻鲁南期间，他经常向罗荣桓汇报情况，请示工作，并不断教育干部群众支持主力部队，爱护子弟兵，鲁南地区军政、军民关系十分融洽，特别是油篓村一带。

赵镈像

鲁南区党委机关进驻油篓村后，区党委书记赵 以身作则，深入群众，深入农户，和乡亲们交知心朋友。乡亲们纷纷把最好的房子让出来给区党委各机关的工作人员住，特别是油篓村西街，家家住上了机关人员。赵镈住李贵珩的下堂屋，李乐平住李盛一家，后勤机关住李贵璞家，李贵范家也住上了区党委宣传机关的其他领导干部，粮票印刷厂设在李广明家。机关刚进驻时，设立多处岗哨，警戒严密，后来与群众的关系越来越密切，有时群众还主动担任警戒任务。

油篓村民为支援抗战，经常把节省下来的粮食送给机关。有一次，后勤机关驻地房东大嫂给机关首长送去了一些地瓜，警卫员刘方学坚决不收，可大嫂又不肯把这些地瓜拿回去，刘方学没法回绝，就恳切地说:“您实在要送给我们，就请您收下我们的高粱吧。”大嫂满口答应收下了粮食。事后这位大嫂又把粮食加工成煎饼送了回去。

区党委驻油篓期间，正值群众生活非常困难时期。因农业连年歉收，加之敌人的经济封锁，人们少衣缺食，军需供应也十分紧张。区党委领导军民积极开展生产自救。麦收以后，阴雨连绵40多天，地里的草荒很严重。机关的领导带领战士和群众一起锄草灭荒。一次，机关人员在北杨家庄村南帮助拔草，突然遭到刘匪的袭击，他们立即拿起武器，在民兵的配合下把敌人打跑。机关的生活和工作条件也很差。如印刷厂缺颜料，就挨家挨户收集锅底灰、鏊子灰等自制颜料，大量的印刷品就是用这些自制的颜料印出来的。

区党委机关进村后，机关工作人员经常帮助房东干活，扫院子、挑水是常事。据老人们回忆，每当战士外出执行任务，总是把水缸灌得满满的。军民之间的鱼水情谊日益深厚。房东李贵范之妻朱清常将机关的工作人员视为亲人，不分早晚耐心地照顾他们的生活。即便是发生了特殊情况，也察言观色给以劝解，让他们欢心。有的战士把年老的房东视为自己的父母，有些妇女干部和村里的姊妹结成了至交好友。赵镈的家属李岩因妊娠反应，吃不好，睡不好，村里的大娘、大嫂总是把可口的饭菜送到她跟前。赵镈离开油篓村后，还特意派勤务员小齐带了挂面、点心等礼品，回村看望房东李贵璞。

1940年11月底，鲁南区党委机关为准备反击敌人的“大扫荡”，陆续撤离油篓村，转移到临（沂）郯（城）苍（山）边联县车辋一带山区。他们走后不到半月，全村即在12月13日（农历十一月十五日）遭到了刘匪的洗劫，房屋大多被烧光，人们陷入了困难境地。1941年11月，银厂惨案发生，赵镈被敌人杀害的消息传到油篓村，乡亲们无不悲痛万分。

1943年，张锡异①在打日本侵略军铜石据点的战斗中负伤，被转移到油篓村养伤，先是住在山洞，下山后住在李贵范的东堂屋。张锡异后以小学教员的身份被部队安置在油篓村继续养伤。他因腿部伤势严重，少医缺药，伤口化脓，

注：①张锡异，中华人民共和国成立后，任平邑县兵役局局长，后又被调到济宁市劳动局任局长。

最后不得不截去了一条腿。养伤期间，村民给予他精心的照顾。村里有个丧偶青年妇女则为他的献身牺牲精神所感动，愿终身照顾他的生活，最终结为革命伴侣。据张锡异后人回忆，张锡异在油篓村养伤期间他的战友李光、梁笃实、刘坤、刘健民等常来油篓村看望他。张锡异伤愈后，参加地方工作。

1947 年 5 月，孟良崮战役前夕，华野六纵 52 团三营八连指导员周启贤[②]在一次战斗中负伤。他带领后方医院突围时，来到油篓村东山李贵久家。周启贤及通讯员和一位班长受到李贵久及妻子汪士荣和儿媳热情接待。为躲避敌人的搜查，李贵久连夜把周启贤等 3 人安置在山洞内，晚上接回吃饭，交流情报。3 天后，不知是谁走了风声，敌人窜来油篓村搜查。李贵久全家在国民党还乡团的严刑拷打下，都没有吐露半点消息，使周启贤等 3 人躲过了敌人的搜查。伤员被迫转移临行前，他杀猪打酒，盛情款待伤员，连夜把伤员们送到流峪以西，找到了大部队。

李贵久夫妇不怕敌人的报复，毅然地掩护解放军伤员的举动一直被正义的油篓村人记在心里。李贵久妻子汪士荣去世时，村里为她举行了追悼会。20 世纪 50 年代初，周启贤常和李贵久有书信来往。80 年代初，周启贤带家人到油篓村，看望救命恩人。

在一起避难的战友常炳胜（右）和周启贤（左）

2010 年 1 月 5 日，上海市供销合作总社老干部活动中心受周启贤的委托，给李贵久的儿媳妇（2012 年 3 月去世）寄来了长城出版社

注：②周启贤，原任上海市外贸公司书记，生前为上海市供销合作总社正厅（局）离休干部。常炳胜（周启贤的通讯员）任北京卫戍区三师顺义军事医院院长。

出版的《从军旗下走来》一书及《从军旗下走来》八一纪念章，了却了他心中愿望。信中介绍了周启贤的英雄事迹，他曾“立功七八次”，被华东野战军区授予“华东二级人民英雄”称号；“负伤七次”，被认定为一等残废军人，称为“中国的保尔”。信中说：“每当讲起战争年代的救命恩人，讲起安大娘一家（李贵久、汪士荣、哑巴叔、小弟），这位有着近70年党龄的老英雄却是老泪纵横。”

第三节　牢筑革命堡垒

抗日战争时期，油篓人心系抗战将士，他们自觉自愿地为住在该村的将士们烙煎饼、供军粮，无私地支援抗战、支持抗战。油篓村时称为当时鲁南地区的“小延安”，广大抗战将士是吃着油篓煎饼参加的鲁南抗日斗争，为抗击日本的侵略做出贡献的。

一一五师师部和鲁南区党委进驻天宝山区后，师部及区党委的将士们和当地百姓一样，喝的是高粱面、谷（薯）子面烧的糊糊，吃的是糠菜煎饼。他们还给油篓煎饼送了个更响亮的名字，亲切地称之为“报纸”。2006年，当代中国出版社出版的《罗荣桓传》中风趣地把吃煎饼称为“读报”，后来“‘读报’就成了吃饭的代名词。”

鲁南区党委进驻油篓村后，广泛发动群众，改变人们的精神面貌，发展党的组织，成立了老百姓自己的村民组织。老村长李贵环、柴粮委员李广伦、治安委员李广聚等，协助机关或部队筹集粮草，或干些军务杂活。当时，群众生活非常困难，加上日本侵略军的不断“扫荡”和刘匪的抢劫，春荒非常严重。老村长和李广伦他们走街串户，动员各户自愿上交柴草和粮食。动员广大妇女参与碾米、磨面，当时油篓村所有的石磨及碾日夜不停，加工面粉和小米供应军需。群众送的给养多是花生饼、糠团子、糠煎饼、菜叶子等。为解决机关、部队的吃饭问题，有的农户把自己仅有的一点粮食拿出来烙煎饼供给机关，涌现了不少动人的故事。

村党组织加强了全民支前的领导，“煎饼支前”成为当时的一个响亮口号。朱清常（李贵范妻）、刘爱民（李广汉妻）、刘福荣、李唐氏（李广银妻）4名烙煎饼高手带动全村妇女行动起来，她们放下自己家里的一切活计，全力以赴投入拥军支前中，烙煎饼、做军鞋，以实际行动支援抗战。全村妇女一天烙煎饼七八百斤，除供应区党委机关外，还支援桃峪一一五师师部，受到师部和区党委领导的表扬。

区党委的领导战略转移后仍把油篓村当作自己的老家，经常回到油篓村召开各种重要会议，宣传党的方针政策；看望大家，和当地群众打成一片，关系更加融洽。油篓村政治基础好，群众革命情绪高涨，区党委有些重要的会议都在这里召开，西街李氏祖林及村南大柿树底下则是天然的会场。

区党委机关在油篓村的半年多时间，给人们留下了难忘的记忆，给油篓村带来了革命的希望，也撒下了革命的火种。在以后的岁月里，全村出现了许多父母送子参军、妻子送郎上战场的动人事迹。很多村民参加民兵，支援前线，党的组织也不断发展壮大，油篓村被称为“红色革命堡垒”。

解放战争时期，油篓村人发扬不屈的抗战精神及光荣的革命传统。李贵久全家舍生忘死掩护解放军伤员，旗帜鲜明，为筑牢“革命堡垒”及全国的解放事业添砖加瓦。

鲁南战役、莱芜战役、孟良崮战役、淮海战役期间，油篓村广大青年、民兵踊跃参军参战，抬担架，护理伤员，战地服务。在众多战役战场，都有油篓村人的身影。以孟兆英、胡如莲等为代表的广大妇女，坚守家乡阵地，在村干部和民兵都上了前线的情况下，挑起拥军支前的重担，发动全村男女老幼，不分昼夜，为部队做军鞋、烙煎饼、护理伤病员等。她们把烙好的煎饼让参加战役的民工、民兵带到战场，支援战斗。

孟兆英、胡如莲先后加入中国共产党。李荣怀、徐德法牺牲在战场上。李贵银、李贵金、李吉太、李贵成、李贵英、李京云、李广庆7人参加抗美援朝，他们在战场上立功，受表彰，表现了大无畏的革命精神，为油篓村争得了荣誉。

第四节　李灿营游击大队

李灿营游击大队的前身是用来守护村庄古围子而组织起来的自卫队组织，后来发展为民团。李灿营为人厚道，心怀正义，乐于奉献，热心公益，号召力强，为全村百姓的主心骨，享有很高声望。

民国初期以后至30年代，土匪刘桂堂（外号黑七）的人曾多次到油篓村骚扰、抢掠，他带领村民用快枪、土枪、石头、开水等坚守油篓村的土围子。村里有几个神枪手，如李广佑、李兴法等人在此踞守，刘匪始终不能进村。

1939年1月，日军进犯平邑，心怀正义的有识之士纷纷组织抗日队伍，到年底，费南地区已有13支抗日游击队建立起来，有燕如山大队、白彦大队、廉德三大队、王西贵大队、刘洪锦大队等，后廉德三、王西贵、刘洪锦3人领导的武装叛变投敌。

1939年春，李灿营在当地已小有名气，他不失时机地拉起了一支武装，也称为抗日游击队或抗日民众自卫团，当时有人称他为“团长”。罗荣桓领导的抗日队伍进入天宝山区后，因李灿营领导的游击大队主动抗日、抗土匪并愿意和共产党领导的抗日武装合作，便被允许在此地开展活动，抗击日军。

1940年年初，卞桥尹家村等十八村“红枪会”泛滥，也传到了油篓村一带，有些队员受蒙蔽，练起了歪门邪术，抗日信念动摇，阻碍了抗日活动的进行。据李广慎生前回忆，油篓村“红枪会”会员多是李灿营民团的骨干，谎称“喝上符子可以刀枪不入”。一天，竟有队员30余人到桃峪村“传道送经”。当李灿营知道这件事后，对当事人进行了严肃地批评，及时地制止了这种可笑的会道门活动。游击队员受到了教育，提高了认识，坚定地与会道门划清了界限，坚定了抗日的决心。

1940年6月，鲁南区党委机关根据白彦大地主孙鹤龄被消灭的大好形势，广泛发动群众，发出“一切为抗战服务”的口号，团结一切可以团结的力量，大力发展地方武装和改组地方民团。费南县政府在鲁南区党委的领导下，广泛开展抗日宣传，做好说服教育工作，与当地民团武装组成统一战线，团结起来共同抗日。李灿营的游击大队顺利地接受改编，成为共产党领导的抗日游击大队。改编后，区党委选派机关工作人员李尚和任大队长，张万军任大队指导员，原民团团总李灿营任副大队长，对外仍称李灿营大队，为费南、费北（今平邑县）境内 13 个游击大队之一。

李灿营游击大队下设若干个游击小组。大队由原来的几十人发展到百余人，40 余支枪，大刀、长矛和土枪等武器人手一件。游击大队组建以后，积极投入到抗日游击战争中去。最初，在卓庄、常庄一带活动，打土匪，打日军，发挥了很大作用。后又向北发展，1940 年农历六月六日，队伍开到下大峪一带打游击，并到铜石、张里一带阻击刘匪南下。当时费南县县长马健在刘桂堂匪部的老家锅泉村以南不远的苏家庄给游击大队作了形势报告，游击队员受到很大教育和鼓舞。这支队伍的组建遏制了刘匪的南进骚扰，为巩固天宝山革命根据地做出了贡献。

1940 年冬，油篓村李灿营游击队升级为一一五师主力部队，该游击大队队员后来均成为革命的骨干力量。

第六章　油篓杂粮煎饼

第一节　煎饼历史演变

煎饼为当地主要食品之一，起源于何时，已无从考究。

按当地的习俗，女子成年后，首先需要学会的三大基本功就是烙煎饼、纺线、绣花。特别是烙煎饼，更是成年女子必须要首先学会的。人们认为，能熟练地掌握这三样活计，将来必定是一个百里挑一的好媳妇。

油篓村妇女用地鏊子烙煎饼现场

当地农村有着“户户支鏊子，家家摊煎饼”的习俗。烙制煎饼比较传统的方法：在打算烙制煎饼的前天晚上将麦子、高粱、玉米、红薯（地瓜）干（其中之一）等原料进行浸泡，第二天把泡好的原料用石磨磨成糊。石磨多是人推，有的也用驴拉。磨糊子是很费功夫的精细活儿，二三十斤粮食一般要用两三个小时才能磨好，并且要勤添少添，磨出来的糊子才细腻均匀。煎饼糊子磨好后，才能上鏊子烙。准备烙煎饼时，地上支起鏊子，用柴草先把鏊子烧热，使用必备的煎饼板子（形似木掀头）和劈子（竹片制成，长约70厘米，宽约5厘米）等器具，煎饼板子将磨好的糊子铲到鏊子上，再用劈子一圈一圈均匀地摊在鏊子上，后用劈子压平摊匀，一张薄如纸、脆如酥的煎饼就做成了。薄如纸、脆如酥是油篓煎饼的一大特点。旧时，活络好的妇女一人能看两盘鏊子，一张张煎饼烙上揭下，直到完工。

1958年大丰收，因忙于“大跃进”，满地的红薯没有收下来，全部冻在地里。第二年春天，发生了灾荒，老百姓把红薯从地里捡回来，用磨推成糊，用布袋把糊子装在里面，把水压出来，再烙成煎饼，一样的好吃。这事传开了，又演变为另一种煎饼的烙法，即手滚法。后来，烙煎饼的原料多是红薯面，用水泡好后，再用布袋压成面团。把做饭的锅揭下来，扣上鏊子，锅底下添柴，这样就比原来将鏊子支在地上方便多了。烙煎饼者只要把事先压好的面团抱在手里，在鏊子上一圈一圈地滚动，手轻饼薄，然后再用劈子压平，待熟后揭起便成一张煎饼。20世纪70年代后，改用风箱烧炭烙煎饼。

20世纪90年代后，油篓人闯上海烙煎饼挣大钱，煎饼烙法基本同上，只是制作方法和配料等有了变化。他们在铁桶改制的炉子上放一块50厘米左右的钢板作为鏊子，月牙形梨木板代替煎饼板子，85%的面粉加上15%的杂粮粉作为煎饼用料，在钢板上摊一张煎饼并加上调料、鸡蛋、油条、脆饼等，吃起来口感更好，遂成为人们喜爱的方便小吃。

外出打工者经多年的实践，每个煎饼摊从最早烧无烟煤，到改用液化气、天然气。后因安全生产和环保的限制，无烟煤和煤气的煎饼炉子越来越不适应市场的需要。2001年春开始，李荣仕的大女儿李兴花与丈夫颜士法经过一年多的研发，于2002年秋天研制出适合做杂粮煎饼的“农富”牌带温控器的电鏊子，这种鏊子环保、节能、安全、美观，有两相电就能使用，一经面世供不应求，为后来山东杂粮煎饼向全国各地推广与发展做出了贡献。

原始做法与改进后的烙煎饼对比如下：

原始做法：

1. 熬子是三条腿的，支在地上，不卫生；

2. 烧柴禾；

3. 长形竹板摊或手滚；

4. 红薯干粉面；

5. 摊成一张饼即可；

6. 摊成后不放任何东西；

7. 口感差；

改进后的做法：

1. 直径48厘米～50厘米、厚1厘米的圆形钢板，放在特制的炉子上；

2. 烧无烟煤的炉子，一炉炭可烧6个小时左右；其后所用炉子不断改进；

3. 月牙形梨木板，使用方便；

4. 85%的面粉加15%的杂粮粉，粗细粮搭配，健康；

5. 在钢板上摊一张饼后，再摊一层鸡蛋，松脆好咬；

6. 摊成后放上甜面酱、辣椒酱、香葱、香菜，另加一根油条，后改良加一脆饼，有的按顾客的口味添加；

7. 口感好，香脆可口。

煎饼烙制过程的演变体现了油篓人的勤劳和聪明才智。煎饼从过去仅为填饱肚子，到现在变成适合大众的美味小吃，是一场实实在在的饮食革命。

电煎饼鏊子

燃气鏊子

第二节　创业致富

20世纪80年代末，李荣仕因多种原因欠下了七万多元的债，实在在村里生活不下去了，便决定南下上海，寻找生机。

1992年夏天，他独自到了上海通北路（这里曾是他以前生活居住过的地方），找以前的街坊邻居帮忙。因没有钱租房，天气又热，就住在别人的屋檐下、马路旁，生活苦不堪言。后来找了个不要钱的摊位做起了豆腐脑。豆腐脑做出来了，没有人吃，客人一看就走。他找到曾经工作过的上海杨浦区豆类食品厂说明来意，厂领导立即让技术员把做内脂豆腐脑的方法教给了他，生意渐渐地好了起来，一天能挣五六十元。随后，他租了间小平房，李荣仕妻子李云举带着小女儿李萍离开老家，到了上海，全家开始了新的生活。

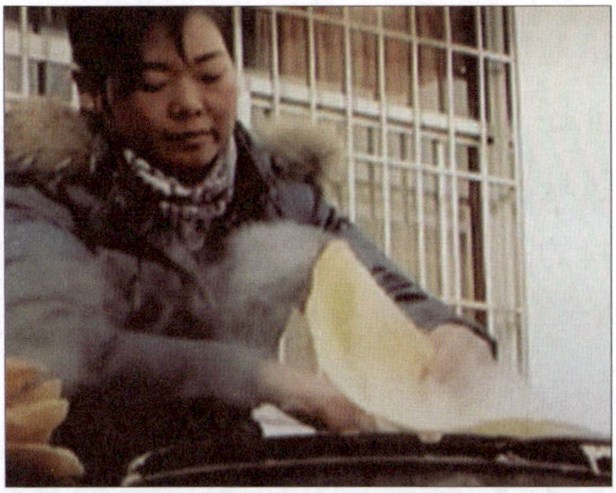

油篓村民在上海煎饼摊位上

1993年8月，李荣仕的小儿子李军也从青岛到上海帮他做生意。经过一年多的小吃经营，李荣仕悟到了吃、穿、住、行的重要关系，使他想到了家乡特色面食——地瓜干煎饼。“能不能把家乡口味带来上海，在上海摊煎饼卖钱？”他把这个想法告诉小女儿李萍。得到女儿李萍的支持。

烙制杂粮煎饼示范现场

李萍在家乡做得一手好地瓜干煎饼。听了父亲的提议，她决定改进煎饼用料做法，改进烙煎饼的炉子。

李萍在父母及哥哥的支持下，经两个多月的反复摸索，终于想到了做煎饼的方法。她在钢板上摊一张饼后，再摊一层鸡蛋，摊成后放上甜蜜酱、辣椒酱、香葱，香菜，另加一根油条，松脆好咬，后改良加一脆饼，口感更好，香脆可口，受到食客的喜爱。

李萍还研究成功了甜蜜酱的制作，做出了适合涂在煎饼上的甜蜜酱。

随后，李萍就在通北路惠民十字路口郑广和汽水厂门旁摆了一个煎饼摊，一块钱一个，没想到生意特别好，一早上就能挣到五六十块钱，加上豆腐脑生意，一个月全家就能挣 3000 多元，家里的债两年就能还上，生活有了盼头。

李荣仕二儿子李林和媳妇林荣、二女儿李兴芳、大女儿李兴花、三女儿李兴玲也先后到上海，除大儿子李阳在青岛工作外，其余 6 个子女都到了上海做煎饼生意，并且生意都很好。

1995 年后，吴自虎、颜士红、李兴传、李中运、李兴华、黄守均、李吉武、李兴文、李中用、李庆勇等人先后到上海，学做煎饼生意。

黄守均因家里出了车祸，欠了好多债，一家到上海。李荣仕安慰他们全家，给他们希望，说："孩子，不用愁，找个摊位好好干，一天挣一百，三四年就能还上债了。"随后，李荣仕就帮他家租了一间几平方米的房子，在延吉路与凤城路交会处租了一个摊位，把他们一家安顿了下来。后来，李林又把市光二村的一家店面转让给他家，从此，黄守均一家就在上海发展起来了。

黄守均的女儿黄友娥初中毕业后就随父母到上海烙煎饼挣钱，她在母亲的指导下，烙煎饼的技术日益精湛，她烙得煎饼厚薄均匀，又香又脆。光顾小吃摊的食客渐渐多起米，很多都是回头客。她在外出进货的时候，常去光顾一些有特色的小吃店，她品尝人家小吃的特点，看人家如何经营管理。生意不忙的时候，她还常和房东以及来吃饭的上海人打听上海人做饭、吃饭的讲究 和对口味的要求；有时还亲自到房东家看他们如何做饭。功夫不负有心人，为了适应外地人的口味和上海人对营养的讲究，她对煎饼的做法做了改进。1998 年，黄友娥在自己的煎饼果子上配了凉菜和热菜，很受顾客欢迎。2000 年的腊月，黄友娥全家终于还清了 13 万元的欠债。2001 年 3 月，黄友娥又专心经营非常有特色的"山东杂粮煎饼"，年收入达到了 20 万元，现如今她已在上海拥有 3 个煎饼店铺，从老家招来 18 名农家妇女帮助做"山东杂梁煎饼"。

李兴文一家六口在上海做煎饼生意。李兴文的摊位靠近地铁出口和公交站点，他紧紧抓住“上班族”这个客户群体，煎饼生意十分红火。到2015年，李兴文到上海经营摊煎饼已经近20年。方圆5公里之内，和李兴文有关的煎饼摊就有4个。从他经营的地铁站口往北20米，是李兴文女婿的煎饼摊；往西800米，是李兴文妹夫的摊位；3公里之外的红松路上，是李兴文的儿子经营的煎饼摊。

大学周边煎饼摊位排队的大学生

上海杂粮煎饼越来越受到上海人的喜爱，整个上海市区90%的煎饼摊都是油篓村人经营的。来上海学做煎饼的老家人越来越多，每家每年摊煎饼的收入五万到十多万元不等，到2002年，油篓村在上海摊煎饼的就达到了近两百家，加上其他村庄的煎饼摊，有三百多家。

李荣仕二儿子李林于2003年10月，向国家专利局申请了杂粮煎饼的专利。2006年7月26日，国家知识产权局授予“油篓杂粮煎饼”专利权，专利号：ZL200310108113.5。证书号第274781号后，李林制造杂粮煎饼专利号牌及许可号牌及围裙、帽子，分发给在上海摊煎饼的老乡，使煎饼经营者的权益受到国家专利的保护。

油篓村党支部为更好地加强和领导外出打工的家乡父老做好煎饼生意，在郯城镇党委的帮助下，于2006年7月在上海普陀区长寿路街道办事处设立了流动党员党支部，解决了流动党员组织生活问题，使这些生意人进入了有组织有领导的工作环境中；并成立了流动人员计划生育协会，解决了广大育龄妇女的后顾之忧。

截至2017年年底，油篓村人以烙煎饼致富，带动周边郯城、流峪、铜石、天宝等乡镇乡村的近10000人从事煎饼生意，7000多个老中青三代煎饼摊分布在全国各地大学城、农贸市场、小吃街以及城市人群集中的小区门口，每年为家乡带来了3.5亿元至5亿余元的经济收入，仅油篓村每年就能挣回7000余万元利润，打开了老百姓发家致富的大门。

第三节 煎饼产业发展规划及措施

油篓村两委针对煎饼产业的实际，理思路，找差距，谋发展。适时地制定了煎饼产业长期和近期发展规划，提出了新的发展思路。

油篓村党支部多年来鼓励村民走出去，坚持特色品牌的创建，大力发展煎饼产业，决定搞好煎饼史馆建设，进一步总结村民外出烙煎饼创业的经验，发扬不怕苦、敢创业的光荣传统，不忘创业之艰辛，带动油篓村及周边村庄共同致富，促进油篓村经济收入再上一层楼。

2013年春，油篓村制订了煎饼产业发展规划；成立煎饼创业合作社，创造条件，支持煎饼、小吃等产业发展，配合乡村游的广泛开展，满足各阶层旅游者需要，进一步做大做强煎饼产业。

村两委鼓励从业者再接再厉，在保证品质的前提下，创立花样，全力满足不同消费者的口味，力争走出国门，向世界发展。

村两委要求从业者坚持品牌效应，严格按照专利配方操作，维护专利信誉，不断创新，鼓励从业者兢兢业业，树立为民服务的思想，保证油篓煎饼的声誉。

油篓杂粮煎饼馆规划图

第七章　经济管理体制变革

油篓村经济管理体制的变革，即生产关系的变革，贯穿于土地管理体制变革的整个过程，经历了封建土地所有制、农民土地所有制、土地集体所有集体经营和土地集体所有农民个人经营4个阶段。

第一节　农民土地所有制及其改革

在中华人民共和国成立之前和中华人民共和国成立初期，为了打破几千年的封建土地所有制，先后开展了“减租减息”和“土地改革”，为后来废除封建土地所有制向农民土地所有制的过渡作了铺垫。油篓村的党组织在当地党委的领导下，带领油篓人民适时地开展了减租减息和土地改革。

中共山东分局于1942年发布实施《关于减租减息和改善雇工待遇的决定》，为油篓村党组织及政权组织提供了开展这项工作的组织保证。5月中旬，鲁南区党委在费南县皇崮区黄草坡（今白彦镇黄坡）召开扩大会议，肖华传达山东分局《关于减租减息改善雇工待遇开展群众运动的决定》，决定以费南县为“双减”试点县。费南县委首先在山阴区北山村开展试点工作，后逐步在全县推广。1944年，油篓村在中共费南县委和中共崇崮区委的领导下，党支部紧密依靠村级政权及农会、妇救会、青救会、民兵自卫团等群团组织积极开展这一运动，并组建了减租减息领导班子，广泛发动贫苦农民参加运动。

在减租减息运动中，油篓村党支部根据上级指示，结合本村的实际情况，对减租减息运动中的具体指标进行了量化。首先，解决借贷问题，废除高利贷。将过去村民俗称“驴打滚、利滚利”“借一还二”的放粮、放钱方式，改为不论是借粮还是借钱均实行“借多少还多少”的办法。其次，关于地租问题，合理调整地租征收比例。再次，就是解决雇工工资问题。据不完全统计，全村靠出外扛活维持生活者有李兴法、巩传路、李思成、李吉平、李吉成、巩继德、李荣田弟兄俩、李兴志、李广成、李广富等41人，解决了雇工工资问题，他们的生活有了保障。这些具体措施落实后，村民得到了看得见摸得着的实际利益，认识到共产党是代表穷人利益、为贫苦农民说话的，党在群众中树立了威信。这些措施极大地提高了贫苦农民参与减租减息运动的积极性。

土地改革前，油篓村共有74户（大家庭），耕地420亩（老亩）①。其中地主占有耕地70亩，占总耕地面积的16.67%；富农占有耕地35亩，占总耕地面积的8.33%；中农占有耕地151亩，占总耕地面积的35.95%；广大贫下中农，只有耕地164亩，占总耕地面积的39.05%。大多数村民只有很少的耕地或者没有耕地，世世代代在贫困线上挣扎。

1946年，根据中共中央的《关于土地问题的指示》（简称）《五四指示》，油篓村按照中共平邑县委的统一安排，在中共崇崮区委的直接领导下，开展了土地改革，村民梦寐以求的“耕者有其田”成为现实。

土地改革运动中，村党支部坚决依靠广大贫下中农，积极稳妥地进行宣传工作，尝到了减租减息运动甜头的群众很快就被发动起来。据当时《鲁南时报》报道，“李贵久的儿媳妇”带头和地富分子作斗争，在斗争大会上，控诉了他们的剥削行为，受到了群众的好评。在强大的政治攻势面前，震慑了地主、富农，鼓舞了贫苦农民的斗志。接着进行了土地丈量和评级定产工作，然后按人口将土地平均分配。之后，没收地主和富农多占的房屋、牲畜等财产分给贫农。将个别富裕中农的财产进行了“扫地出门”，贫苦百姓笑逐颜开，庆祝有了属于自己的土地。

1947年5月，平邑县五区被国民党军占领，地主、富农依仗民国地方政府和“还乡团”，向贫下中农进行反攻倒算，部分贫下中农怕被报复而将分到的土地、财产退还给地主和富农，土改成果毁于一旦。

注：①有关油篓村土地占有以及以后的村民生活中的有关资料，均出自本书主编为配合当时开展的“忆苦思甜”活动，于1973年6月调查整理的《油篓大队村史》。

1948 年，盘踞仲村一带的地主还乡团被消灭，平邑全境获得了解放。村党支部按照上级指示，对向贫下中农进行反攻倒算的地主、富农作了坚决的斗争，恢复了土改成果。依据 1950 年 5 月 1 日中共中央发出的《关于在全党全军开展整风运动的指示》，油篓村在县、区党组织的领导下开始整风，清除了在敌人占领期间村干部和党员中出现的变节分子，重新组建了党支部和政权组织。

1950 年 6 月 4 日，中央人民政府政务院第四十四次会议通过的《关于划分农村阶级成分的决定》中提出划分地主、富农、中农、贫农的标准，油篓村按照上级指示，开展阶级成分评定，有 1 户被划为地主，2 户被划为富农，13 户被划为中农，58 户被划为贫农。

1950 年 8 月 26 日，中央人民政府委员会第八次会议通过《中华人民共和国土地改革法》，油篓村党支部在县、区党组织的领导下，对土改成果进行了复查。随后，向村民颁发了土地证，完成了封建土地所有制向农民土地所有制的转变。

第二节　农村经济集体所有制

油篓村将土地转变成集体所有集体经营，中间经过了互助组、合作社两个过度阶段。最后经过人民公社化运动，建立生产大队，实现了土地集体所有集体经营。

一、互助组

1951 年，中共中央发出《关于农业生产互助合作的决议（草案）》，油篓村在上级领导的帮助下，借鉴南岔村（今属郑城镇）等县内其他村庄成立互助组的经验，有的村民自发地组织帮工换工生产。1953 年初，结合本村的实际情况，充分发挥村民故有的互助传统优势，本着自愿结合、规模数量不限的原则，深入开展互助合作运动。从李广存领导的第一个互助组成立至 1953 年底，全村共成立互助组 13 个，所有农户都参加了互助组，当时被群众称之为“换工队”。每个互助组一般有 8 ～ 10 户，只在春秋播种时换工，农作物的田间管理和收割由农户自己负责。

二、合作社

合作社分初级社和高级社两个阶段，史称“合作化运动”。合作社具有股份制的半集体（亦称“半社会主义”）性质。

1. 初级社。根据中共中央1953年12月26日通过，1954年1月8日发布的《关于发展农业生产合作社的决议》，油篓村按照县、区党委的部署，于1954年年底开始发动成立初级社，带领群众搞合作化运动。参加初级社的村民将土改时分得的土地按照亩数入股，将耕牛、耕作机具等折价入股。农业生产遂以初级社为单位统一组织耕种、管理、收获，统一上缴公粮和农业税，社员按照入社时的土地和财产多少参加分红，并按劳动所得工分参加分配。合作化运动开始后，李贵范等村民带头将自己的土地、梨园、农具等投入合作社。全村大多农户积极参加合作社，只有一户村民没有加入初级社。

2. 高级社。1956年3月4日，人民日报发表《普遍整顿合作社，开展春季生产》的社论，提出了整顿巩固合作社的要求。12月底，全国掀起了大办高级社的高潮。油篓村根据上级指示，于1956年年底将初级社转为高级社。

三、生产大队

1958年9月，中共平邑县委在保太进行组建人民公社的试点。是年冬，郑城乡改建为五一人民公社，油篓村改为其中的一个生产大队（时称“连”），称为油篓生产大队。在大队的建制上，既是公社直接管辖的行政编组（行政区），又是生产预算单位，其下划分为生产队（习惯称之为“小队”）。油篓大队下分为4个生产队。生产队直接管理农户，并以生产队为基本核算单位。农民成为公社的社员。生产队和生产大队的干部均非国家行政人员，他们全是本队成员，本乡本土，其工作待遇均实行“工分制”。

1958年10月28日，《人民日报》发表题为《办好公共食堂》的社论，将农村人民公社社员吃食堂说成“中国人民的新的生活方式”。是年秋，油篓大队的社员也开始体验“吃食堂”的“新生活”。取消了分配制度，所有的生产收益都归生产大队，全体社员必须到食堂里集体吃饭。最初，全村办了4个食堂，每个生产队的社员在一个食堂里吃饭，没有定量，想吃多少就吃多少。

1959 年，实行按人定量凭票吃饭的办法。由大队发给粮票，社员持票到食堂打饭。社员对这种所谓的“新生活”很不适应，绝大多数农户将在食堂里领到的饭菜带回家和全家人一起吃。这种以生产队为生产和生活单位的方式造成了极大的浪费，加之自然灾害的影响，给社员的生活带来了很大的困难，特别是在 1959 ~ 1961 年，吃饭成了难题，很多社员因营养不足而患了“粗腿病”（又称“水肿病”）。

油篓大队在人民公社初期，由于受“大跃进”和“一平二调”共产风的影响，加之自然灾害的袭击，给农业生产造成了极大影响，庄稼减产，村民生活困难。

1961 年 5 月，中共中央工作会议根据调查研究的情况通过了《农村人民公社工作条例（修正草案）》，取消了原草案中农村食堂和供给制的规定。油篓村停止了所有的食堂，恢复了以户为生活单位的传统生活方式。中共八届九中全会“调整、巩固、充实、提高”的八字方针得以贯彻执行，农业生产关系和有关政策得以贯彻落实，农业生产和农村经济出现了新的转机。

1962 年，油篓大队贯彻《农村人民公社工作条例（修正草案）》简称《农业六十条》，逐步实施公社、大队、生产队三级所有，队为基础，以生产队为基本核算单位的管理体制，社员生产积极性得到发挥，生活水平逐步提高。大队为独立预算单位，但对生产队有管理和干预权，属于上下级关系。大队直接安排的人员实行“工分制”，而分配主要通过粮食分配来实现，由于大队自身没有粮食生产，所有人员均直接参加所在生产队的分配，生产队和大队通过村级统筹、集体提留、分摊、抵扣等形式调整经济往来关系。根据《农业六十条》的实施，油篓村结合本村的实际情况，全面落实了生产和核算均以生产队为基本单位的基本要求，实行了“按劳分配、多劳多得”的分配原则，理顺了大队、生产队之间的关系。

同年，油篓村根据《农业六十条》第三十七条规定，分给每个社员 0.20 亩自留地、0.15 亩饲料田。社员的生活水平得到了基本保障。

第三节　农村家庭联产承包责任制

随着社会的发展，农民要求提高物质、文化生活水平的愿望越来越强烈，原有的农村经济体制极大地束缚了村民从事生产的积极性。油篓村一直无法从根本上改变这一社会现象，社员的吃粮问题难以得到彻底解决。

1980 年后，油篓村民看外地有人实行小段包工、联产承包等农业生产责任制活动，有些社员还有顾虑。经过多年的实践，人们从自留地和生产队集体经营的土地效益的巨大差别上，看到了解决问题的出路。再加外地的经验证明，农户自己经营的土地经济效益较集体经营的土地经济效益有了很大提高。1982 年 8 月，油篓村根据上级指示，借鉴外地一些实行农业生产责任制的成功经验，在村党支部的领导下，开始实行土地承包经营责任制。实行责任制的农户很快改善了生产和生活条件，油篓群众对这种新的经营模式表示了极大的欢迎。

为了使群众均衡地取得土地使用权，体现平等、公平、公正的原则，各小队在大队党支部和队委会的指导下，分别成立了土地承包领导班子，该班子有正副组长、会计、成员组成。组建班子的要求是成员必须有群众威望高、公正无私、乐于奉献。原一队为一组，组长徐德全、副组长李吉海，会计李吉全，成员有李贵经、李京圣、李洪华、李吉传、李京海、巩纪平，共 9 人；2 组组长李洪山，会计李吉福，成员有李荣存、李荣友、黄守才、庄立爱、李洪近、李广朴，共 8 人；3 组组长李吉忠，副组长巩常青，会计李广志，成员有刘德全、李广海、李贵余、李广传、李洪忠、李广营、李广乾，共 10 人；4 组组长李洪云，会计李洪学，组员有李广秀、李洪存、李洪夫、李洪才、李洪运，共 7 人。

土地、果树承包前，按大队统一部署，各生产队首先对本生产队所有的土地、果树进行评估折价。各生产队根据果树生长和结果情况，确定每棵果树的价值，然后根据果树生长土地优劣做一评估，最后确定价格。按每人应摊价值参加分配。土地承包亦是如此，首先根据土地肥瘠划分为 4 个级差，以便按应摊价值依次分配。承包时按照平时生产队分配名单，将果树和土地分级差分配到户，后逐户签订果树和土地承包合同。发包方为生产大队（称“甲方”），承包方为农户（称“乙方”）。合同规定：乙方不得在承包的责任田里从事取土、盖房等破坏耕地或改变土地使用性质的活动，不准私自转让责任田；乙方要自觉缴纳农业税，完成国家征购任务和村公积金、公益金的上缴。1988年，村委（甲方）对土地承包合同进行了完善。

村民有了对土地的使用权，使他们根据市场需要调整种植结构、大力发展高产高效种植业成为可能。获得土地使用权的农民，有了生产经营自主权，农业生产积极性空前高涨，他们真正成了土地的主人，人们加大投入，精耕细作，精心管理，在全面实行责任制的当年就解决了吃饭问题。

农村家庭联产承包责任制的建立，完成了土地集体所有个人经营的重大变革。

第八章　经济建设

第一节　互助合作生产

1951年，中共中央发出《关于农业生产互助合作的决议（草案）》，油篓村在上级领导的帮助下，深入开展互助合作运动。从第一个互助合作小组到1953年年底，全村所有农户都参加了互助组。1953年秋种时，正赶上大旱，李广存领导的互助组，全组出动，从柳树行以下小东沟、鬼汪等水源地挑水泼地，抢茬耕地适时播种。由于适时抢种，第二年小麦取得了大丰收。

第二节　兴修水利、封山造林

油篓村有3000多亩荒山，每到雨季山洪暴发，洪水肆虐，给山下造成损失。

中华人民共和国成立后，如何改变落后面貌，让穷山恶水换新颜，发展农业生产，增加粮食产量，成为摆在村党支部领导面前的首要任务。

1954年，村里成立了合作社，支部一班人冲破重重阻力，大胆发动，带领村民上山修梯田，挖鱼鳞坑，打顺水坝，改变水流方向，减少水土流失，山上山下协调治理，收到了较好的效果，使乡村面貌发生了巨大改变。1956年年底至1957年春，村党支部发动群众在村南修建蓄水池，该水池面积一亩，深3米，引南沟之水灌入，群众俗称之为“南大汪”。1964年12月份，开始修建村中北沟塘坝，掀起了兴修水利的高潮。经过调查研究，制定详细规划，设计施工方案，利用农闲之际，积极争取上级的支持，充分调动村民的积极性，男女老少齐出动，工程进度很快，1965年3月完成大坝主体工程，护坡后开始蓄水。1965年春，兴修灌溉渠道和水利设施，浇灌全村土地。支部一班人又把封山造林提上了议程，在村西划出专用土地种树苗，利用刚修完的塘坝蓄水浇灌树苗，为植树造林做好了准备。从1966年夏天开始，村党支部一班人认识到要想改变穷山恶水，必须绿化荒山，连续多年发动村民上山栽树，绿化荒山，按人头分发树苗，对提前完成的给予奖励，村民植树造林的积极性被充分调动起来。

第三节　农田建设

1975年，油篓村在公社、管区的直接领导下，开展农田整理大会战。村领导和各小队亦对农田建设提出了详细规划，一队重点整治下沟，填沟造地；二队、三队以整治村西黄土台子地为主，四队治理原队所属地块。全村建成高标准大寨田150余亩。

实行联产承包责任制后，农民不断增加对土地的投入，平整地面，提高土地利用率。

2014年3月，村党支部发动群众捐款整修田间生产路，村民李中雪带头捐款5000元。在他们的带领下，村民踊跃捐款，共计筹集资金44375元。群众自愿捐工，修通生产路6条，约计5000米。

第四节　饮水工程

油篓村处在半山腰，受自然环境的限制，每遇干旱年份，吃水用水则成了难题，为历史缺水村庄之一。

改革开放之前，全村只有老辈留下的3口吃水井，一到春天水位就下降。每遇天旱时，村民排队从井底一瓢一瓢地舀水，并且井边昼夜不停地排起了长龙。有的要到两里外的黄泥沟去挑水。

20世纪90年代末，李洪成和村委一班人，积极和上级水利部门联系，请水利专家帮助，在村子附近找水源。随后在村内又打了3口深井，但不能彻底解决人畜饮水问题。于是村委向上级领导作了详细的汇报，写了申请报告，请求上级领导给予扶贫支持。镇领导看到报告后非常重视，到油篓村走访群众，摸清底子，现场办公，镇党委、政府领导积极协助争求，县水利局、扶贫办决定对油篓村解决吃水难的问题给以帮助。

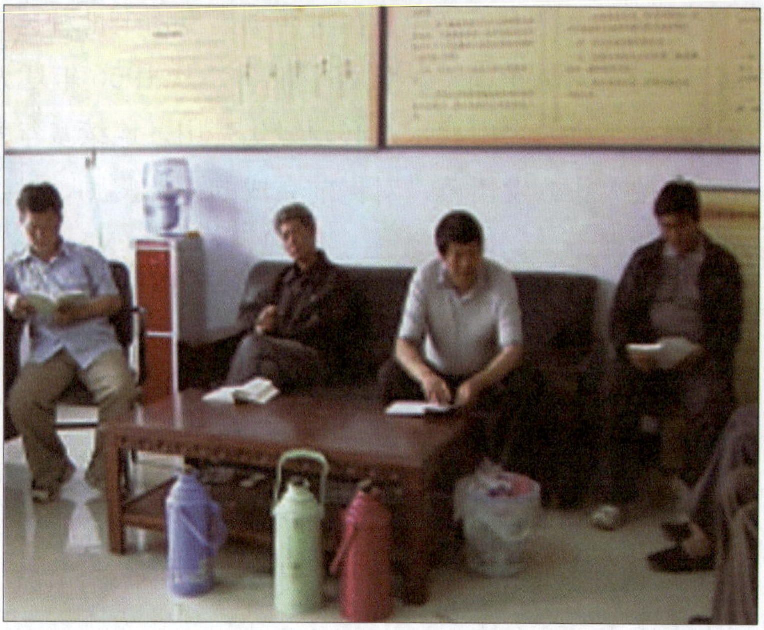

1999年10月，村党支部书记李洪成（右二）向镇水利站站长苗永（右一）汇报解决饮水问题开展情况

1999年年底，在县政府扶贫办公室、郑城镇党委政府的大力支持下，县扶贫办经过考查，批准为油篓村人畜饮水工程立项，拨专款全力解决村民吃水难的问题。同时，市国税局和团市委扶贫工作组到油篓村扶贫，将油篓村人畜饮水工程作为重点政治任务之一，全力支持、投入油篓村人畜饮水工程的实施。

2000年1月，项目确定。经过考察，把水源定在村西1000米处黄泥沟水库下的苇子坑。但经与周围村协商定点不成，遂决定“沟底打井”。施工中，任务分到家家户户，村民个个踊跃参与。全村村民每人按10个义务工轮流挖井，一个月后大井挖好，人们惊喜地看到井里涌出一股好水，专家论证后确定能长期供水，且达到了饮用水的标准。有了水源，紧接着就是布置挖管道、调石料等工作，村两委作了详细安排，砌井、建水池全面铺开。砌井每人400千克石料，村干部带头先上交，然后是党员、小组长，最后到村民。村干部先把石料运去作样品，带动大家都积极往井上运石料，几天的时间就把石料备好了。村两委成员各自分工，有负责砌井的，有负责挖管道的，有负责砌水池的，有负责放炮抓安全的，全体村民投入紧张的施工之中。

干部党员以身作则，带领全村连续作战6个月，第一期工程在2000年6月顺利完成。

第二期工程为入户管道和入户水池子建设。村委一班人发动全村男女老少齐上阵，干部带头，第二期人畜饮水工程圆满完成，吃水难问题彻底解决。村民们自发的给扶贫组送来了锦旗，上面写着“吃水不忘打井人，致富不忘共产党”。

临沂市国税局、共青团临沂市委派驻工作组进驻该村后，队员们首当其冲，全身心地扑在解决村民饮水难问题上。市国税局刘立科、周西宏、杨俊峰，团市委李静等，进村后兢兢业业，不辞辛苦，帮助搞规划、跑材料、查质量、保工期，协助饮水工程的顺利实施。

该工程设计二级扬水，首在黄泥沟水库下打机井挖蓄水池，配备电机抽水扬至村南，最后到达东山下蓄水池，扬程80余米，然后铺设管道直通家家户户。县电力部门积极配合，及时解决了用电问题。在这项工程中，全村共解决了360余户居民饮水，投工25500个，自筹石料3400多立方米，建大水池2座、入户水池363个，铺设主管6600多米、入户管道11200多米，架设电路机房配套造价120多万元。

另外，他们还采用扬水站供水与自引山泉水、自打深水井相结合，彻底解决了全村吃水难这个大难题。

2000年9月20日，放水入户。

第五节 新农村建设

进入21世纪后，各级党委、政府将加快新农村建设提上了议事日程，按照“规划先行、整洁美丽、和谐宜居”的要求，全面完善村庄布局，严格执行规划，努力使村庄布局更加科学、特色充分彰显，使农村住房建设得到合理规范。2005年后，油篓村两委全力以赴，待村民腰包鼓起来后，及时把工作重点移到如何搞好新农村建设上来。他们请专业人士精心操作，认真规划，按照“体现农村特点，注重乡土味道，保留乡村风貌，留得住青山绿水，记得住乡愁”

的要求，整合交通、水利、农业、林业等项目资源，突出抓好生活垃圾、污水、畜禽养殖污染等整治，完善村庄基础设施，提升村庄绿化、美化、亮化水平，切实改善农村人居环境，让群众尽快享受到新农村建设带来的新成果。

解决行路难是新农村建设的首要任务。油篓村处在半山腰，交通不便，直接制约村经济的发展。通往油篓村的唯一道路是公社化时期修建的一条只有4米宽的黄泥路，晴天尘土飞扬，雨天泥泞不堪，货物进不来，山货运不出，丰产不丰收。

2004年，镇政府规划打通郑城至昌里公路，村两委抓住机遇，村干部带头动员村民全力投入，用一个月的时间，修好了村外长2000米，宽8米的路基。按照规划，村中央1000米全部是村民居住的房屋，村内加宽到20米，需拆200多间房屋，需要做好群众的工作。村两委召开党员群众代表大会，党员干部分头给拆迁户做工作，用20多天的时间完成200多间房屋拆迁。紧接着，村两委干部带头发动群众开展捐款、捐物等活动，筹资20多万元，加上上级给予大力支持，把长达3公里、宽6米的路全部水泥硬化。随后，上级交通部门又架设完成村内大桥，油篓村行路难问题彻底得到解决。

油篓村坐落在半山腰，房屋随地形而建，分布散漫，没有整体规划，垃圾遍地，脏水街外流，还有三代人住在不到50平方米的房子里，再加上修路拆掉的200多间房屋，解决住房难问题成了当务之急。

李洪成与施工人员研究施工方案

村委向镇党委、政府和有关部门写了解决住房难的申请和建设新型农村的报告，多次召集了村两委会、退休的老书记李洪生、李洪柱及老党员、群众代表大会，统一认识，取得支持。

根据油篓村的实际情况，经过大家反复论证，最后决定在庄南规划面积50亩建新社区。经镇党委、政府批准，确定油篓村为郑城镇建设社会主义新农村样板村。接着丈量土地，对土地和附着物进行赔偿评估，征地户签订了合同协议。油篓村积极协调上级有关部门实地勘测，详细规划，协调市国税局和县有关部门包村帮扶，出台了优惠政策和激励办法，公开招标谈合同。通过招标，确定由冠鲁集团进行承建。2007 年 6 月，新农村建设举行了奠基仪式，规划建设二层住宅楼 53 户，两户一栋，每栋建筑面积 391 平方米，单房 195.5 平方米，户型外观色调一致，宽带通讯、有线电视、水电排水设施齐全，并配有沼气、太阳能、垃圾处理设施以及院墙、防护坝、路沿石等。2008 年 11 月，一期工程全部完成。2009 年，油篓村被列为旧村改造与危房改造示范村。为了节约土地争取了土地高度集约化的发展战略，又建了“4+2”结构的住宅楼 4 栋，由冠鲁集团公司施工承建，能入住 64 户。由于集约化使用土地，64 户居民只用 7 亩地，比传统建房节约土地 30 余亩。2010 年 5 月，工程竣工，用房居民全部入住。

新农村建设施工现场

在新农村建设施工中，李洪成带领村两委干部，坚守工地，和施工人员共同研究图纸，直接指挥监督施工，有的墙面质量欠佳，要求马上返工，绝不含糊。带头开挖排水管道，选派责任心强的李广学、李兴普等村民配合施工队做监工。高质量地完成了新农村住房建设任务。

在完成第二期居民住房工程后，又进行了新的配套建设，建了 500 多平方米的社区办公楼。在社区中心建文化广场 1 处，内设有健身娱乐设施，完成

2008年5月，建设中的新村一期工程

2009年6月，建设中新村二期工程

水泥篮球场、门球场各1处，标准乒乓球台4个。幼儿园、老年公寓等基础设施相继建成。油篓村社区规划和配套齐全，被评为国家级社区，吸引了各家媒体的报道。

油篓村从自身实际出发，加快形成特色，建成富有特色村容村貌的新型社区，充分利用区位和生态优势，发展休闲、观光、农家乐等特色产业，壮大村级经济，带动村民致富奔小康。

第六节　品牌建设

中华人民共和国建立前，油篓村人利用瘠薄的山岭荒坡种植多种经济作物养家糊口。改革开放后，油篓村人在经济建设中，开发多种经营，注重知识产权保护和品牌建设，完全自主知识产权的产品不断诞生，在申请的商标和已获得的注册商标有30余个，获得国家专利9个，为油篓村的发展奠定了坚实的基础。

油篓村参与经商的企业家在多年的打拼中，认识到加强品牌建设是培育一流企业的战略选择。

油篓村人李阳创办的公司利用品牌影响力组织研发、采购和生产，实施并购重组，赢得了更大的发展空间。他创建的平邑康泰中药材贸易商社从事中药材出口贸易，经过12年的勤奋努力，公司逐渐壮大，1997年首次进入广交会，全面开展国际外贸出口业务，主营地产中药材，先后与韩国、日本、马来西亚、新加坡、英国、美国以及中国香港、台湾地区建立业务往来，充分发挥了品牌效力。

2005年，李阳注册平邑泰奉药材进出口有限公司，并获得独立进出口权，从单一的中药材出口业务发展为多品种经营。2006年，凭借当地建材产品优势，开发建材的国际市场，先后与东南亚、中东、非洲和欧洲等76个国家和地区建立业务往来；2007年，与俄罗斯客户签订了10年业务备忘录并签订500万美元的排供水管件和石油管道的出口大单。

2011年，李阳在青岛成立青岛邦正国际贸易有限公司；2012年，扩建艾绒加工厂，2013年，成立平邑县瑞达药材专业合作社，为确保货源供应的稳定性和连续性奠定了基础；2015年，在非洲的尼日利亚成立办事机构，聘用尼日利亚员工开发当地新兴市场；2015年，筹建中国艾草产业协会和中国艾草产业学会，为艾叶产品的研发和学术研究建立交流平台；2016年，新建足浴粉加工厂，成为山东省唯一足浴养生产业基地；2016年，收购深圳鸿图达科技有限公司，完善了健康养生产业链。

油篓杂粮煎饼
专利证书封面

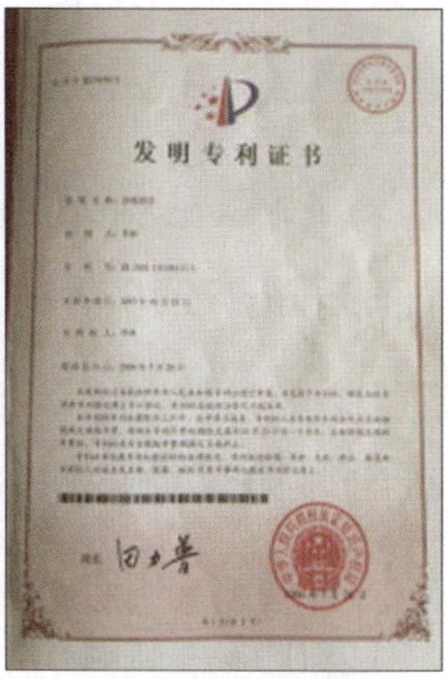

杂粮煎饼
专利证书主页

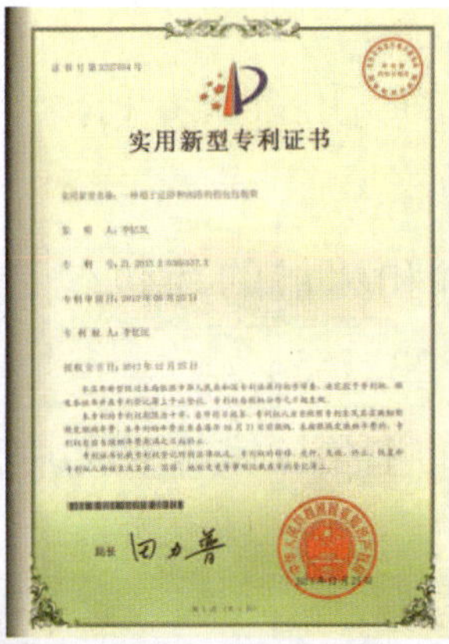

足浴和沐浴药包
包装袋专利证书

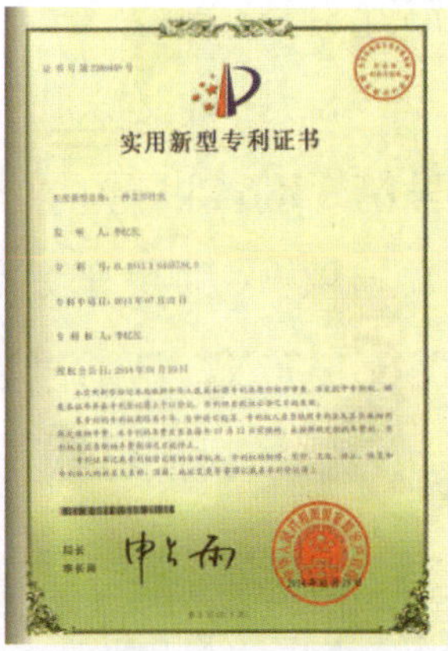

艾草肚兜专利证书

李林获得了油篓杂粮煎饼的专利。李忆民获得了用于足浴和沐浴的药包包装实用新型专利，促进了企业发展。

李军也十分重视品牌效益，注册了产品商标，获得了专利。

黄友良注册了“煎饼黄”商标，黄友忠注册“黄记煎饼”品牌商标。品牌商标的注册对他们做大做强煎饼生意起到极大推动作用。

另外，李阳出资申请注册了“山水油篓”品牌商标，供油篓村民无偿使用。

一、村民已获得的国家专利

1. 油篓杂粮煎饼发明专利，专利号 ZL200310108113.5，证书号第274781号。

2. 新无烟热疗艾灸袋的新型专利，专利号 ZL.2010 2 0680891.7，证书号第679890号。

3. 包装盒的实用新型专利，专利号 ZL.2006 3 00199395.9，证书号第725333号。

4. 标贴（peppermint）的外观设计专利，专利号 ZL2006300199395.9，证书号第725333号。

5. 标贴（PLUM）的外观设计专利，专利号 ZL.2006 3 00199393.X，证书号第737683号。

6. 包装袋的外观设计专利，专利号 ZL.2006 3 00199396.3，证书号第571290号。

7. 包装袋的外观设计专利，专利号 ZL.2006 3 00199394.4，证书号第737684号。

8. 一种艾草肚兜的实用新型专利，专利号 ZL 2013 2 0435734.3，证书号第3386459号。

9. 一种用于足浴和沐浴的药包包装实用新型专利，专利号 ZL 2013 2 0366137.X，证书号第3327554号。

二、村民已获得的主要国家专利品牌商标

油篓、金蟾、艾芯、艾宝、艾霸、老板娘、PROPRIETRESS、五蜈蚣、足尚、足下、KET、AIBA、FOOTEEN、芙葶、艾如观、

油萎
老板娘
艾芯
PROPRIETRESS
aiba
艾宝
aibao
艾　宝
暖暖艾
艾宝 aibao
五蜈蚣
邦正
BANGZHENG
足尚
ZUSHANG
邦正国际
BANGZHENG INTERNATIONAL
芙葶
footeen
五蜈蚣
KET
KANGERTAI
艾霸
邦正国际
BANGZHENG INTERNATIONAL
凡尔力
FERU
艾霸
aiba
泰奉药材
TAIFENG MEDICINE MATERIALS
footeen
足下
ZUXIA
悦和草堂
MEHEL美赫尔
SVOBODNY
SOKOL

悦和草堂、暖暖艾、知足、煎饼黄、黄记煎饼等。

油篓村委增强品牌保护意识，注册“山水油篓”商标，坚持品牌建设与知识产权保护工作相结合，完善商标战略，及时维护注册商标、商号等商业标识。为此，油篓村委规划设计了有关油篓村的知识产权保护工作蓝图，通过对专利、商标等的运用，建立完善的品牌保护体系。

油篓村委注册“山水”商标

第七节　美丽乡村建设

油篓村在美丽乡村建设中，突出抓了基础设施建设和乡风民风建设。一是改路。在已有工作基础上，大力推进自然村组的道路建设，支持农户硬化通户便道，为农民群众出行提供便利，为他们发家致富加快步伐，也为促进城乡交流创造条件。二是改水。村两委紧抓饮水基础设施建设，通过引泉入村、自来水入户等方式，保障农民群众喝上干净的水，解决了吃水难问题；另外，加大对水污染和农村环境卫生治理力度。三是改厕。全村重视社区卫生环境整治，改造别墅楼和住宅楼厕所 117 套，所有下水道集中进行污水科学处理，老村旱厕改造 100 套，以“厕所革命”的力度，加大农村改厕工作，改变农民群众的生活方式和行为习惯。四是旧村改造。村统一规划，统一设计，区别各自经济实力、自然条件等不同状况，有针对性地开展旧村改造，使农民受益受惠，建成高标准别墅楼 36 栋、单元楼 4 栋，另有村民自建高档居住楼 58 位，外地购买楼房 88 栋，改善了村民居住条件。在改建过程中做到切实保护好农村自然生态、留住历史文化风貌。五是村容整治。从生态着手，绿化美化村庄道路，垒砌路边花色红墙500余米、花坛30个，种植绿化树木5000余棵、花草20000棵，铺设草皮500余平方米。建成景点有：依托村委办公楼集中美化建“红色油篓、煎饼飘香”景观1处，楼前白玉桥大理石铺筑桥面，楼东进村公路桥加设青石板护栏，院内绿化，整洁美观；建红色广场1处，花草环绕，国旗鲜艳，毛主席像章镶嵌其中；建忆乡亭1座，周围整修一新，连同村内共铺设鹅卵石便道1200余米；采用不同颜色石材构砌“大美油篓”景观墙1处；古典门楼影壁景观1处，安装太阳能路灯46盏。该项目由平邑县宝业建筑安装有限公司项目部

办公楼东青莲桥

“红色油篓”景观

大美油篓景观墙

忆乡亭

古典门楼影壁

红色广场施工现场

施工，总投资150余万元。

乡风民风建设是油篓村美丽乡村建设的重要任务。整治脏乱差。村两委配合镇开展环卫工作，配备保洁员，整治脏乱差现象，开展经常性的环境建设和整治行动，大力实施乡村清洁工程，推动农村“环境革命”，在街口、路边安放垃圾箱，切实解决垃圾乱倒、粪便乱堆、禽畜乱跑、柴草乱放、污水乱泼等现象。治理农村污染源。美丽乡村建设全面融入生态文明理念，着力建设绿色乡村。治理黄赌毒。认真落实有关法律法规，依法加强网络社会管理，打击制造传播谣言、非法攫取经济利益等网络犯罪。开展广告宣传，营造精神文明氛围，依法查处封建迷信、非法宗教等活动，严厉惩治黑恶势力犯罪活动，严防境内外敌对势力和非政府组织在农村搞的渗透破坏活动，维护农村社会稳定，营造美丽乡村氛围。

街头卖油郎雕塑

红色广场影壁

凉亭与石碾

太阳能路灯

第九章 旅游开发

第一节 规划

油篓村地处观音山旅游区，村域内有鲁南区党委机关驻地、鲁南军区机关驻地、《鲁南时报》诞生地及鲁南党政军领导赵镈、李乐平、林乎加旧居等红色文化资源；有自力更生、自谋职业外出烙煎饼致富的“中华煎饼第一村”美誉。油篓村的旅游开发被平邑县政府和郑城镇列为旅游开发重点村庄。

2017 年春天，山东泰山旅游规划设计院受县、镇政府的委托，制定了油篓村乡村旅游综合规划。规划详细地从发展条件解析、发展定位与开发战略、功能布局和项目策划、旅游产业规划、村庄整治规划、旅游基础设施规划、乡村文化保护规划、开发时序与运行管理等方面进行全面系统地规划研究，策划了近期与远期发展蓝图和远景，对促进和指导油篓村的旅游开发具有重要的现实意义和历史意义，为油篓村乡村旅游开发提供了蓝图。

规划将精准定位与功能整合结合起来，指出：将油篓村旅游规划纳入观音山景区的总体发展框架中，在保留原有发展脉络的基础上，寻求区域发展契机的新定位。充分解读红色文化传承与发展的内涵，对各种资源要素进行有效的整合，进而实现油篓村经济发展、居民生活、文化保护、旅游观光等多种功能的融合与协调。同时，结合深度旅游发展趋势，以现状资源为依据，开发休闲度假、研学旅游、红色体验、亲水娱乐、山体观光、农事体验等类型的旅游产品，实现旅游观光与红色文化体验的融合发展。

规划总体定位为“红色文化主题村落”；具体操作确定为：(1) 形象定位：主体形象定位“峥嵘油篓村，军民鱼水情”；(2) 宣传口号：“鲁南党委诞生地、中华煎饼第一村”；(3) 功能定位：以乡村环境为基础，以红色历史文化为依托，利用油篓村“山、水、林、田、乡”等五大旅游资源要素，结合“美丽乡村”建设和村庄整治策略，通过精炼、提升和创意策划，将油篓村打造成集红色文化体验、乡村休闲度假、绿色生态观光、户外康体运动于一体的红色文化主题村落。

重点策划项目有综合服务中心区、红色文化创意区、革命情景游乐区、徒步行军体验区、革命主题民宿区、田园景观区 6 个区域。每个区域都有各自的设计重点项目。如综合服务中心区有红色主题商业街区、胜利广场、中共鲁南区党委展览馆。革命情景游乐区重点项目有鲁南区党政机关办公区、革命兵工厂、《鲁南时报》创刊地旧址、红色革命美食区、红色革命主题剧场等项目规划和建设。

油篓村旅游规划图

第二节　景点与服务设施

观音山旅游区 景点示意图

观音山远眺

油篓社区宣传栏（一）

油篓社区宣传栏（二）

油篓村为配合观音山景区管委会景区旅游开发，设置了景区旅游路线图、景点指示图。母子峰、情侣峰观景点在社区宣传栏处路南，红色革命遗址在村内西街。鲁南区党委机关驻地被临沂市人民政府确定为市级重点保护单位，在南门外立有石碑标志。

油篓村旅游资源丰富，有自然景观和人文景观多处。

自然景观有猴子石（猴头石）、母子峰、情侣峰、九顶莲花山、昌里水库；地质地貌景观有大崮顶、二崮顶、转山子、莲花台、竖山楼子（富山楼子）、油篓石、拥军洞、二仙姑洞；生物景观有梨树园、山上休闲林地、中草药园圃等；轶闻传说遗址有大仙姑庙、二仙姑庙；红色人文纪念地遗址有鲁南区党委机关驻地、鲁南区行署机

猴子石

竖山楼子

关驻地、《鲁南时报》创刊地遗址、赵镈旧居、李乐平旧居等。

自2010年来，众多游客慕名到油篓村观光，品尝油篓煎饼，欣赏新村建设成果。参观鲁南区党委机关旧址，回忆抗日往事，接受革命教育。

油篓村依托观音山景区，村域内生态资源较为突出，自然景观众多，加之红色历史文化元素的现实展现，村委于2014年成立了“五朵金花农家乐”旅游合作社，集吃、住、玩（游览）为一体，指定几处民居为旅客休息居住地点，实现了旅游与农户融合发展，农民就地增收的效果。同时，对休闲广场等处进行了绿化提升，栽植各种花卉苗木数万株，还对村中汪塘进行了治理，铺设护坡石370余平方米，栽植垂柳50余棵，提升了美丽乡村的品位，为当地旅游开发打下了良好基础。

二仙姑庙

2017年春，油篓村景区开辟为中央美术学院学生实习基地。为搞好服务，对原游客服务中心进行了装修和提升，加大投入，建设必要的基础设施。依托老年公寓，新

油篓石全景

油篓石侧面

设置床铺54张，电脑40台，安装空调10台。建男生浴室2间、女生浴室1间，以及男女厕所等配套设施，社区安装路灯（太阳能供电）10盏。当年5月，中央美院86名学生到此地写生作画。

2017年8月30日至9月3日，李洪成随团赴日本考察乡村旅游发展情况，对日本现代乡村旅游进行了深入了解。根据省旅发委要求，为推进与农业现代化结合，走产出高效、产品安全、资源节约、环境友好的乡村旅游与农业现代化结合之路，进一步搞好油篓村乡村旅游业发展。油篓村制定了具体的实施措施，包括提出了具体实施措施，如下：

先民洞

建设煎饼史馆，并列入发展乡村旅游业重要任务；

建设村史馆，在编辑整理

村史的同时，搞好民俗风情文物收藏，促进红色文化旅游项目的开展；

建设农家乐旅游观光设施，为游客提供吃、住、娱乐诸方面的服务。

孙长老俯视天下

李兴民、李中红等考查拥军洞（2018.9）

第三节　崮顶艺术家创作中心

中央美术学院崮顶艺术家创作基地于2018年4月开工建设。该项目位于平邑县郑城镇观音山景区九顶莲花山二崮顶前，由山东富森崮顶旅游开发有限公司投资建设。项目总投资5亿元，占地面积约6万平方米，总建筑规模约3.8万平方米，一期建筑面积1.6万平方米，主要建设美术馆、创作室、学生写生基地、餐厅、会议室、索道、摘月阁、悬崖瀑布景观等。2019年5月，完成一期工程。

崮顶艺术区风景秀丽、山水相依，处在观音山、彭泉、九间棚三大景区的中心位置。崮顶艺术区包括中央美术学院崮顶艺术家创作基地和中央美术学院写生基地（锅脐子山前）两部分。崮顶艺术区和昌里水库农事体验园的落地，是学习贯彻习近平总书记党的十九大报告，推动落实乡村振兴战略的重大项目之一。

全国艺术家创作基地设计图

中央美院写生基地设计图

该项目的落地得益于中央美术学院的支持与帮助。全国政协委员、中央美术学院院长、中国美术家协会副主席范迪安说："平邑崮顶地貌独特，风景秀丽，民风淳朴，在崮顶有灵感，适合艺术创作，这样的地貌在全省、全国都比较少见。"中央美术学院崮顶艺术家创作基地项目建筑面积1.8万平方米，包括12套艺术家工作室、1 栋艺术品展览厅、会议室、学生公寓、餐厅及生活配套设施。旅游区西部悬崖处规划和设计悬崖瀑布景观一处，取昌里水库之水上扬于山顶而后下泄，从而形成瀑布景观，使水和周围景物结合，产生或热情昂扬，或悠远宁静，或灵动飞扬的意境，使旅游度假区景观更添迷人的魅力，达到艺术地再造自然之魂的效果。

悬崖瀑布景观设计图

昌里水库农事体验园是峝顶艺术家创作中心的配套项目，建设内容包括环湖公路、游客服务中心、室内外采摘园、动物园、沙滩浴场、休闲垂钓、低空飞行等项目，主要为艺术家及游客提供休闲健身服务。

峝顶艺术区和农事体验园的建设，实现生态资源向产值化转变，为平邑创造更多的经济效益和社会效益，也为油篓村旅游观光事业提供更多便利条件。

2018 年 12 月，峝顶艺术中心施工现场

2018 年 9 月，峝顶艺术中心施工现场

第十章　教　育

油篓村的教育经历了私塾、新式革命教育和现代教育的过程，养成村民重视教育、崇尚文化的优良传统。

许多学子学有所成，为油篓村争得荣誉。首先有移居济宁的学子李洪陵，于1956年济宁二中高中毕业，为油篓村第一个高中生；李广荣于1962年从平邑一中毕业，为油篓村第一个高中女学生；1964年，李洪廷考入费县师范学校，为油篓村第一个中专生；1981年，李洪昌考入临沂师范专科学校，为油篓村第一个专科生；1992年，李明宇被山东建筑工程学院录取，为油篓村第一个本科生；1993年，李勇升入北京师范大学，为油篓村进入京城高等学府深造的第一人；李广征的儿子李志，为油篓村第一个硕士研究生；李中国之子李帅为油篓村出国留学第一人，获得加拿大约克大学硕士研究生学位；李中良儿媳肖婷婷（李哲之妻）为油篓村第一位在读博士生。另有李贵范家族后人，受其教育观念的熏陶，先后有1人获高中学历，3人获大专学历，17人获本科学历，3人获硕士研究生学历，有9人从事教育事业。

至2017年年底，全村取得相应学历的有104人，其中中专生8人，专科生27人，本科生61人，硕士研究生8人，博士研究生1人。

第一节　私　塾

私塾为境内民间办学的主要形式。油篓村最早上过私塾的有李贵范、李荣远、李士德。

李贵范北寺求学回家后，曾在村内设私塾一处。他的学生有李贵德、徐士科（生前任平邑县民政局副局长）、李贵杰、李荣义、李荣仪、徐德源、李士奎、李广义、李京明、巩家山的肖学礼、南湾村朱传为、东洼子姚加才等。

初入私塾，先学习识字、临帖、背诵，四五年后，塾师开讲，教授八股习作。教材为《三字经》《百家姓》《千字文》《千家诗》《幼学琼林》等启蒙读物及四书五经等。无固定修业年限，教授因人施教，为注入式教育。教学多以识字和日常应用为目的，增设《庄农杂字》《日用杂字》《珠算》《尺牍》等教材。

第二节　识字班

中国民主革命时期，在革命根据地普遍设立识字班，以识字为主，并学习时事政治，对扫除文盲起了很大的作用。鲁南区党委机关进驻油篓村后，进行革命宣传的同时，广泛发动群众，解放人们的旧思想，改变旧习俗，动员妇女放脚、群众识字等，开办识字班。

油篓村解放后，识字班活动得到了很大发展，后来多改为业余学校。在沂蒙山老区，因参加识字班的多为年轻妇女，故今日称呼年轻妇女或少女等均称“识字班”。现在“识字班”多指其派生意义，演绎为对未婚少女的称呼。

第三节　抗日小学

1940 年 5 月后，鲁南区党委进驻油篓村，根据抗日根据地及游击区的斗争形势，大力开展文化教育事业，扫除当时群众的文化愚昧现象，读书识字，开办抗日小学，进行爱国主义教育及开展抗日救亡活动。

在组织识字班扫除文盲的同时，李贵范被派到车庄训练一个月，回村办起了抗日小学，此小学一直坚持到 1945 年秋。其间，抗战负伤军人张锡异被组织安排以小学教员的身份作掩护在此疗伤。抗日小学把宣传抗日、站岗放哨、开荒生产、开展群众识字运动视为与教学同等重要的工作，对抗日战争做出了贡献。

第四节　公办学校

一、公办小学及民办学校

1957年秋，油篓村公办小学成立。暑假后，王兴云调入油篓村任小学教师，油篓公办小学开始招生。后从1个年级逐步扩展到4个年级。油篓小学自开办以来，培养和输送了众多合格小学人才。

1958年，在村支部的领导和支持下，油篓村办起了半工半读小学教学班，又称简易小学，学生半天上课，半天回队劳动。1959年秋季开学时，转为民办学校，教师先后有李京山、李广化、李兴运、李洪光等。1965年合并入公办学校，原教师职务解除，由王兴云任教。

1968年冬，受“小学下放到大队来办”的极“左”思潮影响，对教师实行“一鞭赶”政策，大多中小学教师下放回原籍。全县各地公办、民办学校瘫痪，教师王兴云返回原籍，李洪廷由白彦公社刘庄小学下放回油篓村任教，其间有林清平、李洪兴任民办教师。1970年12月，李洪廷调松林中心校，公办教师冯希华调油篓小学任教。李洪春加入民办教师队伍，1972年被辞退。1972年秋季开学时，公办教师张贵太调油篓小学，李洪坤任民办教师，冯希华调出。

1973年，张贵太调出油篓小学，民办教师赵艳霞到油篓小学任教。时有赵艳霞、林清平、李洪兴、李吉华、李吉营、李洪喜等6名民办教师，无公办教师。李洪喜、林清平任期到1976年春；李洪兴、李吉营任期到1980年。1976年春，李洪太、李洪俊、李洪仕任民办教师，后李洪太转任大队会计，李洪俊、李洪仕任期到1982年夏。李庆启1982年任教，任期一年。1980年，李洪全、李洪刚从巩家山联小回油篓村任民办教师，并先后转为公办教师。

1974年秋，公办教师刘志田调油篓小学；1977年秋，公办教师程洪举调油篓小学，刘志田调出；1981年秋，公办教师张恩义调入；1982年初，李洪涛、李洪村、李洪全、李洪刚、李吉华任民办教师；1987年春，李吉华调入中心校，公办教师王立湖调入油篓小学任教，李洪刚考入费县师范并转为公办教师；1989年秋程学忠调入。至1990年，油篓小学只保留一年级、二年级编制，

2004年全部合并入巩家山联小。

二、公办幼儿园

2012年5月，为解决了周边村庄幼儿入园难问题，经县教育局审批同意，在油篓社区南部建高标准幼儿园一所。该幼儿园共兴建校舍10间，师资高配，设备齐全，基本解决了桃峪、巩家山、杨家庄和油篓村的幼儿入园困难。

公办教师汪会田任幼儿园园长，后取得了高级教师（副高级）职称。全园共有教师和保育员6人。设有大班及中班两个教学班。2017年年底，共有入园儿童71人。

第五节　教师世家

李贵范年少时，跟其表兄北寺和尚攻读诗文。父母双亡后，他回家务农。待成家立业后，躬耕田畴。他在村内开设私塾，教书授徒，培养出一批大有作为的学生。抗战时期，李贵花接受革命宣传，敢于接受新事物、新思想，投入抗日救亡运动。他以身作则，教育子女服从大局，走革命救国之路。李贵范德高望重，为人敦厚，处世公道，乐善好施，长于文辞，善于应酬，热心助人，诗书传家，孝悌并重，礼敬兄长，谨守忠孝之门风，为后人所敬仰，世人尊称为“五先生”，誉满乡里。他常教育后代和生徒要尊师悟道。其后人谨遵其诗礼传家、耕读继世的遗训，不忘师之教诲，牢记专心攻读为上的教导，刻苦学习，大多学业有成。

三女李广荣，于1962年从平邑一中高中毕业，先后在温水、铜石小学任代课教师多年，后转为公办教师，取得小教高级职称。

孙辈参加教育工作者3人。洪廷费县师范毕业后，被分配到白彦、郑城等公社，先后任小学、中学教师，后调入县教育局工作。洪刚则由民办教师选调费县师范学习，毕业后转为公办教师，先后在夏家村希望小学、昌里联小、铜石镇中心校等地任小学教师。洪昌从临沂师范专科学校毕业后，先后在县十六中、县实验中学任教师。

重孙辈李顺从临沂师范学院毕业，和女婿时晓天同为中学教师。李勇考入北京师范大学，毕业后被分配到北京市海淀区清河，从事中等职业教育。李勇后又取得在职攻读硕士研究生学历。

自李贵范及以下5代人中，有高中学历1人、大专学历3人、本科学历17人、硕士研究生3人。5人获副高级技术职称，7人获中级职称。从教者8人，外加一女婿，先后共有9人从事教育事业，另有2人曾任村民办教师。

李贵范后裔受教育情况统计表

表10-1

	姓名	性别	年龄	毕业学校	学历	职业	职称	单位职务	备注
第一代	李贵范	男	逝世			塾师			病逝
第二代	李广荣	女	78	平邑一中	高中	教师	小教高级	铜石中心校教师	退休
第三代	李洪廷	男	71	费师 省委党校	大专	教师	副编审	县志办副主任	退休
	李洪刚	男	59	费师	大专	教师	小教高级	夏家村希望小学教导副主任	
	李洪昌	男	55	临沂师专	本科	教师	中教高级	十七中初中部教导副主任	
第四代	李中超	男	49	临沂师专 山工大	大专			县供电公司变电工区主任	妻，高艳萍，本科，副主任医师
	李　妍	女	45	上海建材学院	本科		工程师	原热电厂生产科科长	婿，刘传玉，本科，县交警队中队长

续表 10-1

	姓名	性别	年龄	毕业学校	学历	职业	职称	单位职务	备注
第四代	李 顺	女	45	临沂大学	本科	教师	中教一级	赛博学校教师	婿，时晓天，本科，中学一级教师
	李勇	男	44	北师大	本科	教师	中教高级	北京海淀区信息管理学校教师	在职硕士研究生妻，杨朝霞，本科，室内设计师
	李明宇	男	44	山东建工大学	本科	建筑	高级工程师	县质监站科长	妻，孙敏，本科，县财政局专职会计
	李中国	男	43	山东省中医药大学	本科			加拿大自由职业者	妻，王红，本科，小学教师
	李鹏宇	男	34	临沂大学	本科	软件	工程师	北京爱心人寿（大数据分析）职员	在职硕士研究生妻，闫洪磊，硕士研究生，律师
	李天天	女	30	北京外经贸大学	本科		会计师	北京首创大厦职员	
	李赋	男	28	青岛科大（成人）	本科		技术员	青岛车辆厂工人	妻，郝得心，本科
第五代	李西浩	男	26	长春理工大学	本科			县供电公司技术员	

说明：统计截止至 2017 年 12 月

第十一章 文化 卫生

第一节 庄户剧团

油篓庄户剧团成立于何时，今已无从得知。据李荣俊回忆，抗美援朝期间，该村就自编自演，排出《打倒李承晚》的活报剧来，巡回各村表演，轰动一时。当时主要演员有李贵顶、李贵久、李贵如、黄雨田等。合作化后，村里聘请戏剧教师，组织成立戏班，先后有平邑东张庄的孟广顺、“孔大胆”及微山县的满老师被聘为剧团教师，教唱以山东梆子为主，后改学豫剧，但豫剧未见登台演出。他们组织戏剧班子，利用农闲时节排练剧目，待春节期间搭起戏台，连唱几天大戏。特别是1959年后，从上海等地购买戏衣、蟒袍、道具等行头，油篓庄户剧团在当地演出团体中的影响增大，经常被邀请到外村演出。1966年，在郯城公社组织的文艺会演中，获得一等奖。

油篓庄户剧团剧组阵容庞大，行当齐全，道具齐备。琴师先后有林化柱、李广宗、李荣全、李荣俊等；司鼓（掌鼓板）有黄雨田、李兴得、李荣俊；老旦有李贵祥、李广明；青衣有李广元；花旦有李荣生、李广旗；老生有刘德全、李贵祥；花脸有李京才；武生有李洪纪、李洪景；小生有李荣生、李洪启（山陂）等。排练演出剧目主要有《穆桂英下山》《穆桂英挂帅》《二龙山》《南阳关》《燕王扫北》《五凤岭》《辕门斩子》《黄三耀认兄》《对金抓》《铡美案》《打金枝》等。

演员中，李贵祥扮演《辕门斩子》中的杨六郎、刘德全扮演《打金枝》中的唐王、李广元扮演“穆桂英”等角色，广受好评。

“文化大革命”开始后，造反派将剧团作为“破四旧”的对象，戏衣被撕毁，王帽被砸坏。

剧团解散后，村里又组织成立了毛泽东思想文艺宣传队，李荣俊任宣传队队长。不久剧团自行解散。

第二节　广播 影视

油篓村最早于1964年架设线路，通有线广播和电话。后线路被破坏，广播、电话等中断。1970年后，重新架设线路，有线广播正常开通，家家安装了喇叭头子（舌簧喇叭）有线广播。

1985年，李广志和李洪太从泰安购进村内第一台14英寸黑白电视机，随后李洪山购进了一台电视机。一到傍晚，便有小孩、大人争先围坐在电视机前收看节目，活跃了群众的文娱生活。20世纪90年代后，村民陆续购置了收音机、录音机、电视机等娱乐性家用电器。2000年，村民实现了从黑白电视到彩色电视机的换代更新，有的农户购买了VCD等娱乐设备。

2000年，电视机基本普及到家家户户。2002年，有线电视线路接入，人们开始接收到清晰度高的电视信号。

20世纪60年代初，有平邑县电影放映队到油篓村巡回放映，村干部往往借此机会讲话，强调社会治安或安排生产。主要影片有《花木兰》《李双双》《乔老爷上轿》等黑白片。“文化大革命”期间，放映以样板戏为主，另有《平原游击队》《地雷战》《地道战》《英雄儿女》等影片到油篓村放映。其间，放映次数每年一两场。70年代后，郑城公社放映队常到村放电影，放映前多加演幻灯片、科教宣传片等。2000年后，因电视机的普及，群众的文化娱乐项目增多，电影队很少下乡，电影渐渐被淡出。

第三节　文　物

1924年春三月，御赐油篓村李灿珠之妻李王氏节孝碑刻立，上有费县谢正堂为节妇李王氏题的“节孝可风”四字。原立于旧村南门外300米去桃峪路边西侧，坐北朝南。“文化大革命”期间，该碑被造反派作为“四旧”，砸毁并拉倒，长期埋在土中。2014年8月被重新发现。其碑为清光绪、宣统年间皇帝御批待建而搁置，至民国后方得落成。

该碑由碑首、碑身、碑座三部分组成。其中碑首高96厘米，宽93厘米，厚39厘米，正面浮雕二龙戏珠，中间阳刻“圣旨”，两侧及背面刻有祥云纹，背面中间阳刻“敕褒”二字。碑身上部已残缺，正面起首“赏戴花翎特授费县正堂加十级记录十次谢为”字样，正中阴刻楷体“节孝可风”四个大字。落款“中华民国十三年岁次甲子春三月上浣之吉”。背面是李王氏的生平事迹。

该碑被发现后，李王氏的后人李吉福、李吉廷、李吉学三兄弟自愿捐赠平邑县博物馆永久收藏。山东省文物局主办的《山东文博》予以报道，对李吉福三兄弟的行动给予充分肯定和赞扬。

附：李王氏御赐龙头节孝碑碑文

节孝碑记（敕褒）

（毓秀山）水，闲气钟灵[①]，其间多贤人。呜呼！而女界中节烈奇行，尤指不胜屈。节妇李王氏，系李君灿珠之妻，和乐庄王公佑之女也。恪执妇道事，二十三岁夫亡守志，以夫兄之子为嗣，教养至于成立，乡党称之。邑廪谢知事襄扬以“节孝可风”四字，此前清光宣间事也。民国数年，土匪（扰），悬匾立碑之举不果。今岁春，氏已八十余媪矣。本社公民王怀霖等，（感）风化而招来兹。因捐资鸠工，立石道旁，懿好攸同，不以民主帝国而有如此！

（第）四模范初级小学校教员　英书台　谨识

后学　　胡广玉　李树堂　敬书

公举人　廪生苗锡三　增生杨垣曦　附生杨垣旭　胡润章　王怀霖　王成均　李殿贞

嗣子　李荣祥叩立

注：①〔清〕伊人镜咏白洋淀“安州八景”之“新安八景”的《静修书院》诗：闲气钟灵起冀燕，洛闽一脉证心传。渡江赋就知音少，论辩还须待后贤。

御赐李王氏节孝碑正面

节孝碑首祥云纹一侧

节孝碑碑首正面“二龙戏珠”及“圣旨”图案

节孝碑碑首背面阳刻“敕褒”

第四节　卫生保健

油篓村卫生室创办于1962年，首由李广学担任坐诊医生。李广学于1961年在巩家山联合诊所学习中医，学成后回村开办村卫生室，为油篓村从事医疗保健事业第一人，为群众医疗服务提供了方便。1963年，卓庄联合诊所成立，李广学调离村卫生室，加入联合诊所。

1965年，李吉廷在郯城公社医院学习西医诊治，于1968年重新开办大队卫生室。1970年，卓庄联合诊所撤销，李广学下放回油篓大队参加医疗工作，1973年调郯城公社医院。1974年，李洪坤参加诊所医疗工作，1975年李洪华加入，时有医生3人。卫生室医生时称“赤脚医生”，大队记整劳力工分，参加生产队财务分配。社员看病方便及时，医生随叫随到，诊治及时。

1965年9月，中共中央批转卫生部党委《关于把卫生工作重点放到农村的报告》，强调加强农村基层卫生保健工作，到1965年年底，全国合作医疗制度进一步普及，合作医疗深受农民欢迎。

1979年12月，卫生部、农业部、财政部、国家医药管理总局、全国供销合作总社联合发布了《农村合作医疗章程（试行草案）》，各地根据该章程对农村基层卫生组织和合作医疗制度进行整顿，坚持农民群众自愿参加的原则，强调参加自愿、退出自由，同时改进了资金筹集办法。农村合作医疗就近或上门提供医疗服务，极大地方便了农村居民的疾病医疗和保健需要。

随着20世纪80年代农村家庭联产承包责任制的推行，油篓村公共积累下降，管理不得力，合作医疗制度受到影响。此后，村卫生室乡村医生由镇卫生院实行一体化管理，按各自营业额提成，作为工资收入，调动了乡村医生的行医积极性。

2002年10月，国家明确提出各级政府要积极引导农民建立以大病统筹为主的新型农村合作医疗制度。

2009年，油篓村贯彻国家作出的深化医药卫生体制改革的重要战略部署，进一步确立新型农村合作医疗制度为农村基本医疗保障制度的地位，采取个人缴费、集体扶持和政府资助的方式筹集资金。2010 年始，油篓村村民执行上级安排，开始缴纳统筹医疗基金。小病治疗费可以随时就地报销，大病转诊镇卫生院或县级医院就诊。村民的医疗保健初步摆脱了治病难、治病贵的局面。

2017 年，新农合统筹缴费标准为每人每年 180 元。

2012 年 10 月，李吉廷、李洪坤退休。由李洪华经营主管卫生室。

2017 年，卫生室建有专用房屋 6 间，其中车库 1 间，医疗设备齐全，改善了医疗条件。

第十二章　家族繁衍

第一节　西街李氏

据清乾隆二十五年（1760 年）西街李氏始祖墓碑及光绪年间李盛信倡立西林谱碑（今残），可推知西街李氏先祖李天宝迁居油篓村乃明末清初之际，迄今 380 余年。世传 14 代，为当地望族。

1999 年，李广慎、李广珍、李洪柱等族人提议编修族谱，由李洪廷担任主纂，称之为西街《李氏族谱》。

据《西林谱碑》得知西街李氏首迁始祖失讳，葬于村前（称东林），旧有碑志。但详细记载后世子孙繁衍状况的西林谱碑今字迹已漫漶不清，难以辨认。李贵范所留谱碑底稿为修谱提供了编纂蓝本。

西街李氏自李富斗以下支系分明，李富斗有四子，长子珍，次子璧，三子佩，四子瑞。富斗长子珍五世春首迁南湾，后世又迁大崖子，又迁小陈庄等，即今居者为贵安、贵启后世之人。富斗次子璧，其后裔系今山陂一支繁衍而来。富斗三子佩，生子进贡、进玉、进朝，进朝生子廷、楷，廷五世孙传贵武、贵兰、贵一 3 个分支。贵武首迁十字庄，贵武传广田，广田传洪胜，洪胜传中合、中全。中合生西斌，中全生西伟，西伟生昌钰，为油篓西街李氏第 14 代，居铜石镇十字庄。富斗四子瑞，后人为今西街、庄南头、东沟李氏后裔子孙。

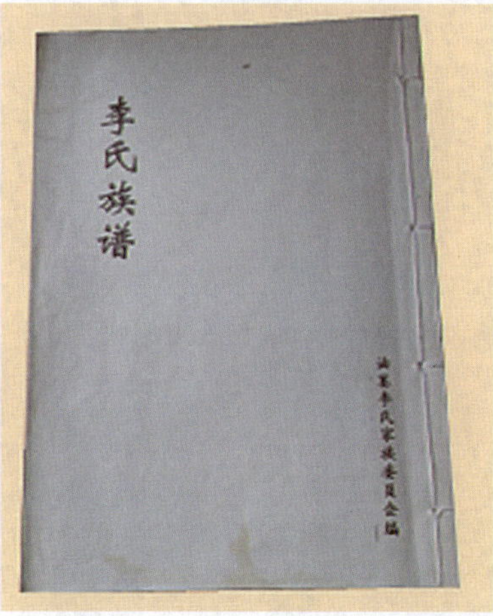

西街《李氏族谱》书影

西街《李氏族谱》称：“相传，始祖天宝、天增二公来费后，天宝公居油篓，广纳邻里，创建桑梓。天增公移居关阳司一带，现无据可考，有待后贤查证。天宝公举二子，长富斗、次富生。今富斗宗派，确然明白。富生宗派仅知清乾隆二十五年先祖墓碑所载四代。有幸戊寅年（1998 年）十月一日邀族众归里，祭祖叙宗，方知富生宗派迁费县城北同安庄，后又有分支迁今费县朱田镇石沟村、薛庄镇赵庄村、平邑县地方街。富斗宗派长支后迁南湾，又迁小陈庄；三支佩公(后有人)迁本县十字庄，殁亦葬此；四支亦有迁今费县上冶镇刘官庄者。”

《东林谱碑》《西林谱碑》所载信息均有模糊不清之处，据《富斗公墓碑碑记》载：“公四子，长子珍，次子璧，三子佩，四子瑞。”后据以上资料世裔迁徙概况为：富斗长支珍公生坤生、坤玉，坤生生德、行二子，行生可思，可思生春，春首迁南湾，春之孙贵庵、贵启又分别迁居大崖子和小陈庄；富斗二子璧，今系山陂一支后裔，未见他徙；富斗三子佩，佩生进贡、进玉、进朝，进朝生廷、楷，廷生可志、可长，可志生成美，成美生盛业、盛启，盛启生贵武，贵武迁居十字庄，无子，过继油篓贵禄长子广田为嗣子，今已传至 14 世；富斗四子瑞，瑞生坤重、坤成，坤成生恩、儒，儒生可云、可富、可变，可变生茵、堂，茵、堂兄弟同迁费县刘官庄。瑞五世孙明之曾孙盛义生贵儒、贵士、贵林三子，不知何时迁东北，具体地点不知。

附一：始祖（东林）墓碑碑记

前有所创斯后有所守，无所创于前何所守于后。念祖□（公）来兹油楼村，立其业而盛其家，令后之人乐乐融融，安享其逸，此功此德深其厚矣。如斯而不立石以祭之，宁不□□□□□（失序而守其）创，垂远而无稽乎！且使枝分派远，长幼不紊，千秋万古后，□□（索诸）碑石，心□（系）追远世之相传，子孙无替云。

乾隆二十五年（1760 年）十月之吉

附二：富斗公墓碑碑记

李公讳富斗字高升之墓

公姓李氏讳富斗字高升，费邑望族也。公父失讳，□（来）□（兹）油篓村居焉，为李氏首迁之祖，墓在村前，旧有碑志。公四子，长子珍，次子璧，三子佩，四子瑞。其子孙绳绳，方兴未艾，自公以下九代矣。公长子序葬于此，元孙春迁居南湾村。三子迁居十字庄，遂卜兆于彼。二子、四子仍守桑梓，亦葬父墓侧。公七世孙盛信恐日久谱系不清，纠合同族，勒之于石。庶几支派可考，昭穆有序，使后之观者昭然若发矇矣，是为叙。

后学子匀氏王成均　叙

后学眷再晚张锡韩　书

大清光绪二十年（1894年）四月谷旦

附三：李氏族谱序

国立史以明古今兴衰，家有谱以知族之发脉，家国乃息息相通也。编修谱牒，以求寻亲固本之道，乃有益当代惠及子孙之举，堪称中华民族优良传统也。

粤稽清乾隆二十五年始祖墓碑及光绪年间盛信公倡立西林谱碑（今残），可推知先祖天宝公迁居油篓村乃明末清初之际，迄今三百余年矣。其后，耕读相传，丁添赓续，瓜瓞绵绵，世传十有四代，为当地之望族耳。兹有家伯广慎，族叔广珍、广安，族兄洪柱等族人恐世远年堙，昭穆失序，提议编修族谱，嘱余操持办理，遂担此重任。此举一经商定，阖族皆大欢喜矣。

相传，始祖天宝、天增二公来费后，天宝公居油篓，广纳邻里，创建桑梓。天增公移居关阳司一带，现无据可考，有待后贤查证。天宝公举二子，长富斗，次富生。今富斗宗派，确然明白。富生宗派仅知清乾隆二十五年先祖墓碑所载四代。有幸戊寅年十月一日邀族众归里，祭祖叙宗，方知富生宗派迁费县城北同安庄，后又有分支迁今费县朱田镇石沟村、薛庄镇赵庄村、平邑县地方街。富斗宗派长支后迁南湾，又迁小陈庄；三支佩公迁本县十字庄，殁亦葬此；四支后亦有迁今费县上冶镇刘官庄者。今昭穆有序，行辈井然，子孙昌盛，世泽绵远。

当今正值改革开放之太平盛世，族人流动外迁者倍增。子孙繁衍，世代迁徙势也。若不及时修谱，上则愧于先祖，下则怍于子孙，至一本之亲不得相认，终为千古之憾事。水有源，树有根。人莫不有父母，莫不有祖。祖者，人之所自出；族者，祖之所由分。祖虽远而其续不可不知，族虽分而其迁不可不晓，木本水源之义不可忘却也。

此谱依仅存先祖父贵范公手抄西林谱碑世系为蓝本，采用欧阳氏谱法，五世一提，承上启下，标明支系，一目了然。碑谱中缺者添之，名讳不符者改之，外延者聚之，后续至今。此次修谱以符国情顺民意为宗旨，摒弃旧时修谱之封建迷信及宗派主义倾向，以唤起族众，弘扬先祖盛德，勿忘父母劬劳，怀亲亲长长之意，发报本追远之思，居尊者不失其高，在幼者务安其序，传宗接代，生生不息。凡我宗族子孙应知创业者之艰辛，精诚团结，发愤图强，为国为家为吾族之兴盛，为建设社会主义现代化强国而做出不朽贡献。

值此谱成之际谨陈数言，权以为序。

副编审《平邑县志》副主编

李氏第十一代孙　洪廷字山村 撰文

一九九九年岁次己卯清明

第二节　东街李氏

1962 年 2 月 16 日，东街李氏阖族共议编修《李氏宗谱》，设承办修谱委员会，主席有李灿法、李灿炳、李兴同、李荣仪、李荣义、李兴法、李吉祥、李兴全、李吉太。

《李氏宗谱》由李兴运、李吉财编辑而成。张立鼎、徐德源誊写。

据1962年所修油篓东街《李氏宗谱》载:“油篓李氏一族，自大安迁居以来，多历年所矣。”宗谱所列“迁居正体”称：“一世祖天振居大安，生二子，长玄德、次玄增；玄增迁居邵家庄，卜宅兆于庄南，生三子，永和、永修、永康。三子皆迁范家洼，次子又迁油篓，永和子振纲亦迁油篓。永康上南，不知所之。”

东街李氏先祖迁于何时，谱无交代。至今已传至 13 代，400 余人。按 25 年一代计算推测，在清康熙年间东街李氏始来油篓村定居。

另据东街李氏后人传说，西街李氏早于东街李氏迁到油篓村立业，很想找一做伴之人，于是和东街李氏首迁祖商定，邀其到油篓村定居，条件是西街李氏必须拿村西黄土台子地作其祖业，西街李氏先人慨然应允，并答应“山梁子任选”。就这样协商议定，两家世代友好，传留后世至今。

东街李氏各分支梗概如下：

三世永修迁油篓村，至五世振文，为李兴隆、李兴同、李兴让家一支；五世振纲，李吉祥、李吉成家一支；五世振如，东沟李荣全家一支；五世振常，李荣友家一支；五世振方，李荣存、李荣美家一支；五世振德，李灿营、李灿炳家一支。

附：李氏宗谱序

谱者何谓也，谓布也，列世统之事也。三代世表曰：自殷而上诸侯不可谱，盖谓此也。修谱者所以明世统、序昭穆、详支派、亲九族也。故敬宗收族著之于礼；亲其九族载之于传。唐尧协万邦推本九族，周公作尔雅详言宗族，是宗族者宜亲、宜敬、宜明晰而不可少紊者也。油篓李氏一族自大安迁居以来，多历年所矣。子孙昌盛，门户众多。七世孙灿法、灿炳等恐代远年堙，世之昭穆失序，沧桑变迁，宗之大小莫考，慨然兴修谱之思。乃召集族人共相商讨，合族闻之，无不乐从。于是着精明人员往各支追溯前人，考查后世，访问亲戚字号爵里，敬修谱系。庶几后世子孙知世统之次，昭穆之序，门户之亲疏，房分之远近，秩然有序，蔼然可亲善哉！此举旬（循）敦宗睦族之本也。事成问序于余，余不获辞，谨述其事，以为之序云。

亲□（识）　张敬典　建三撰

徐德源敬书

一九六二年岁次壬寅夏二月十六日

第三节　北岭李家及北沟沿李家

一、北岭李家

北岭李家始祖首迁费县关阳司，又迁天宝闸口，再后又迁油篓村安家。自迁居油篓后，先祖失讳，生李堂帝、李堂林、李堂□、李堂存四子。

长子李堂帝生四子，依次为李士□（失讳）、李士田、李士贵、李士奎。次子李士田生京义、京海2人；京义生中德等弟兄5人；三子李士贵生京才，京才生中亭等弟兄4人。李士奎无后。

次子李堂林生士全，士全生4子，长子失讳，其余三子依次为京云、京桂、京山；京云生中安等4人，京桂生中行等4人，京山生中法、中国。

三子李堂□，生士金，无后。

四子李堂存生士德、士祥2子，士德生京如，京如生中学、中业、中华3人，中业承嗣士祥。

北岭李家今已传至7代，计64人。

二、北沟沿李家

据北沟沿李家后人李中元回忆，北沟沿李家首迁自山阴李家沟，始祖失讳，生一子为二代（失讳）；二代生二子为三代（失讳）。三代长支生5子，后裔为今李京胜、李京全、李京文等家后人；次支生一子，讳思春，思春生京合，京合生中祥、中元。

今已传至8代，50余人。

第四节　其他姓氏

油篓村除西街、东街两家李姓居民外，尚有巩家、徐家、黄家、刘家、林家、庄家等6家，连同北岭李家、北沟沿李家，共有人口334人。

一、巩家

巩家先祖首迁于东洼子村，一代失讳，投奔娘家西街李氏。二代失讳。三代失讳。四代巩玉建生四子，长子巩传香、次子早逝、三子巩传路、四子巩传安。传香生四子，长子继德、次子继祥等。传路生继平。传安生继成、继明。

今已传至9代，共59人。

二、徐家

徐家祖籍白彦老林后，始祖失讳，首迁铜石镇大圣堂里沟村，生三子，为二世祖，均失讳。

二世祖长支迁油篓村，生桂台，桂台生思成；思成生德源，德源生保福，保福生一子。

次支为徐德法一支，徐德法为烈士，已绝嗣。

三支首迁居今油篓村捻子峪后迁居油篓村，今仍有留居捻子峪者。

二世祖之三支生徐忠台，为三代。徐忠台生五子，分别为思增、思□、思友、思仪、思田。思增迁居铜石镇下大峪。思□，绝嗣。思友生德才，住桃峪。思仪生德运、德红。思田生德明（出嗣）、德亮、德全、德义。

今已传至8代，52人。

三、黄家

黄家首迁于山阴东小辛庄，因避难逃至油篓村安家。一代失讳。二代亦失讳，仅知女主人为李兴让的姑奶奶，生三子，长子为黄雨成之父，次子为黄雨田之父，三子迁村北邻杨家庄定居。黄雨成生六子，依次为黄守均、二子（早逝）、守平、守宏、守现、守义。黄雨田生三子，依次为守财、守福、守亮。

今已传至 7 代，43 人。

四、刘家

刘家始祖原在滕县木石村，后有先祖迁居今铜石镇北寺村。一代失讳，自北寺首迁油篓村。二代失讳，生学聚。学聚生德全、德山。德全生兆明、兆亮。德山生兆法。

今已传至 7 代，14 人。

五、林家

林家一代祖失讳，从桃峪村迁油篓村。其妻李氏为西街盛恩公之姊妹，依靠娘家代为置办土地、房屋安家立业，生活较为宽裕。后生子林希□，林希□生传三，传三生化柱，化柱生清平、清□（早逝）、清山、清业 4 人。

今传至 7 代，15 人。

六、庄家

首迁者为庄开同，祖籍大圣堂，青年时闯关东去沈阳谋生，晚年于中华人民共和国成立初期从东北迁到油篓村外祖母家，依托李灿炳（舅父）安家立业。庄开同生有四子一女，长子留东北安家未回迁，次子庄立爱、三子庄立成、四子庄立香。庄立爱生四子。庄立香生二子。

今已传至 5 代，共 33 人。

第十三章 民 情

第一节 村民生活

中华人民共和国成立前，农民占有很少土地，有的则耕无其田，政治上受压迫，经济上受剥削，常年过着饥寒交迫的生活。丰年，半年糠菜半年粮，如遇灾荒，或逃荒要饭，或卖儿鬻女。据资料记载，1928年，天大旱，颗粒不收，哀鸿遍野，民死几半，极为悲惨。1940年前后，当地灾害匪患不断，民不聊生，不少家庭不得不外出逃荒度日。据1973年6月李洪廷调查整理的《油篓大队村史》，1940年至1949年全国解放前，全村长年在外逃荒要饭的有21户，92人。

中华人民共和国成立后，经过土地改革，实现了耕者有其田。党和政府领导农民走互助合作道路，生产力不断发展，生活水平逐渐提高。特别是中共十一届三中全会以后，推行家庭联产承包责任制，村民有了生产自主权，村民的生活水平显著提高。

20世纪80年代前，村中拥有自行车、手表、电风扇、缝纫机、电视机的仅有少数家庭，至90年代，有收录机、洗衣机、电冰箱、电视机的农户逐渐增加。特别是2000年后，村民普遍添置了高档家具，彩色电视机、洗衣机、电冰箱等成为了村民家中必备家电。由于外出打工致富的村民越来越多，农民收入增加，消费水平日益提高，农民居住条件有了明显的改善，除在老家新农村社区购置别墅、楼房外，有58名农民自己投资盖了两层或两层以上的楼房，有的翻新了旧瓦房。

油篓村外出打工者有的在上海等大城市购买了高档楼房。据统计，油篓村村民在上海购房22套，在北京、银川、杭州、苏州、咸阳、济南、青岛等大中城市购房16套，在临沂以及平邑县城购房55套。

2017年，村民基本实现了小康生活，全村总收入达到7000万元，人均收入4.95万元。户户有余粮、家家有存款已成为现实。有的农户购置了汽车等高档消费品。全村有8万元以上的高级轿车75辆，8万元以下的面包车、小型轿车等38辆，农用三轮车（老年车）也已进入大多数家庭。

第二节 称谓与社交

一、亲友称谓

父系方面，称曾祖父为“老老爷”，称曾祖母为“老奶奶”；称祖父为“老爷”，现时多习惯称为“爷爷”，称祖母为“奶奶”；称父亲为“爷”或 “爸爸”，称母亲为“娘”或“妈妈”；称伯父为“大爷”，称伯母为“大娘”；称叔父为“叔”，称叔母为“婶子”；称姑母为“姑”，称姑夫为“姑父”。妻在婆家随夫称。子之子（女）称为“孙子”“孙女”，子之孙（女）称为“重孙”“重孙女”。

母系方面，称外曾祖父为“老老爷”，称外曾祖母为“老老娘”；称外祖父为“老爷”，“背称外老爷”。称外祖母为“老娘”；称舅为“舅”，称舅母为“妗子”；称姨夫为“姨父”，称姨母为“姨”。夫在岳父家随妻称。妻之父面称“爷”“爸爸”，背称“岳父”，妻之母面称“娘”，背称“丈母娘”；妻之侄子（女 ）面称“某侄”或直呼其名，背称“妻侄”“妻侄女”；女之子（女）或姊妹之子（女）面称“外甥”“外甥闺女”，女之孙（女）或姊妹之子（女）再加一“重”字，即称“重外甥”“重外甥闺女”等。

平辈称呼，兄称“哥”，弟称“兄弟”，兄妻称“嫂”，弟妻称“弟妹”“他婶子”或“兄弟媳妇”；姐称“姐”，姐丈称“姐夫”；妹称“妹妹”，妹丈称“妹夫”或以“兄弟”面称；妯娌间互称“嫂子”“妹妹”；丈夫的哥哥面称“哥”，背称“老大伯”；丈夫的妹妹面称“妹妹”，背称“小姑子”；姊妹丈夫背称“两乔”“连襟”或“桥两孔”，面称随妻称；姑、舅、姨家子女平辈表亲称呼，于兄、弟、姐、妹前加“表”字。

社会称呼，对年龄相仿的多以“同志”“师傅”“三哥”讳称“大哥”“二哥”称呼。对年长者称“大爷”“大娘”，对年轻女子多称为“大姐”，讳称“小姐”。

二、社交礼节

油篓村人向来热情好客，注重交际礼节。

旧俗跪拜礼，一般只在给年老长辈拜年或举行祭奠时使用。现时交往多点头致意和行握手礼。相互见面时常说“怪好吧”“稀好吧”，饭后说“吃饭了”，早晨见面时说“起来了”等。特别是年长妇女相见时，常从老人到小孩逐个请好问安一番，使人倍感亲切。出门在外，询人问路，神态谦恭，文明为先。事后常说“谢谢您”“麻烦了”“借光”等。

村民多重待客之道。客人来访或事先有约，要到门口迎接，让客人先行或握手并行，将客人让至正房上首就座，烟茶招待。敬茶时，双手执壶，倒茶时壶嘴要低，忌太满，有“满盅酒”“半杯茶”之说。招待稀贵客人，主人一般不上场陪餐，多另找亲邻好友为之陪客，客人上座，其他均按辈分大小依次就座，且男女不同席。招待新婚后第一次登门女婿，女婿必须上座，日后往来则可随便。席间菜齐吃，酒齐喝，相互谦让，待之以礼。待酒至中巡、菜上过半及上完最后一道菜时，主人将分别向客人敬酒，一般斟两盅，寓意好事成双。客人端坐桌前，就近吃菜，不挑不拣，陪客者多在客人吃饱喝足后始放碗筷。客人告辞时，向主人道谢，主人热情送客出门，挥手告别。

“礼尚往来”也为村民交往所重。当亲朋一方出现病灾或意外不幸，常携礼物登门看望表示安慰，并为之分忧解难。翻盖新房，其亲邻好友为表祝贺，有带烟酒饭菜等前往帮工之俗，俗称：“打墙盖屋邻里帮助”。一般亲友所带礼物不能全部留下，多对半回礼，或以自家东西替换后回礼。

第三节　社会新风

油篓村自建村以来，一代又一代村民虽然围绕个人家庭发展生产，操持生活，繁衍生息，而他们始终传承着中华民族的传统文化、传统道德，在创造物质财富的同时也创造着精神财富。在旧社会，人民思想虽受到封建社会陈旧观念和落后规矩的束缚，但中华民族的传统美德仍在支配着油篓村民的生活，平和宽厚、择善而从、认真种地、本分做人、仁义诚信、明礼守法、正直厚道、勤俭持家、孝敬长辈、与人为善及助人为乐的品行仍是油篓村人的精神支柱，构成他们共同推崇和遵守的规范。

中华人民共和国成立后，油篓村民跟着共产党走上了社会主义道路，生产资料逐渐由私有制转变为公有制，生产方式和生活方式都有了翻天覆地的变化，村民生活日益富裕起来。特别是村党组织多年来在上级党委的领导下，经过坚持不懈的教育，破除迷信，讲究文明科学，继承和发扬传统美德，不断破除旧社会遗留下来的封建意识和愚昧落后的习俗，摈弃不科学、不健康的陈旧思想和传统观念，推进了油篓村人现代品格的塑造和发展，社会主义新道德、新风尚逐步形成。

在中国共产党的领导下，油篓村民的思想觉悟不断提高。特别是经过 20 世纪 60 年代开展的学雷锋活动与 80 年代开展的“五讲、四美、三热爱”教育。随着改革开放的不断深入，政治、经济、文化的不断交流，旧思想、旧道德、旧习气逐步被摈弃，民风民情为之一新。助人为乐、邻里和睦、尊老爱幼、济困扶贫、见义勇为、拾金不昧、舍己救人等新人新事层出不穷。

中共十九大会议召开以来，党中央对社会主义精神文明提出了新的要求，适时地开展了善行义举“四德”教育，对促进油篓村社会新风起到了巨大的推动作用。“四德”包括爱德、诚德、孝德、仁德，是以社会主义核心价值体系为主线，以建立良好道德规范和构建共有精神家园为目标，凝聚道德力量，形成推动社会发展的思想保证和精神支撑。具体体现在社会公德、职业道德、家庭美德和个人品德等四个方面。社会公德以爱为核心；职业道德以诚信为核心；家庭美德以和睦为核心；个人品德即个人修养，以友善为核心。村两委在实施“四德工程”中，将“法治”和“德治”相结合，以爱心为纽带，以民心为导向，以孝心为基石，以诚心为根本，处理好道德与经济、文化、社会的关系及传承与创新的关系，将继承传统美德与弘扬时代精神结合起来，促进了油篓社区精神与物质文明建设，社会风气出现了极大的改观。李兴民被评为全县“四德”宣传教育的模范，受到了县委、县委宣传部和县文明委的表彰，村里出现了众多好媳妇、好婆婆等先进典型。

其代表人物如下：

好婆婆：李荣花、李兆花、李洪荣（李兴国）、周昌新、李士花、李广荣

（荣俊妻）、王广连、巩祥荣、林清英、彭丙玉等。

好媳妇：巩霞、李莉、巩圣英、王爱莲、李兴秀等。

诚实守信：李庆峰、李庆平、黄守宏、李中营、李中运、李广智、李兴普。

尊老爱幼：李兴民、李洪坤、李仕伟。

赡养父母的孝子：李洪夫（四队）、徐德全、李兴一、李洪村。

见义勇为：巩长田、李中红。

邻里和睦：李丙荣、周昌兰、徐宝连、徐凤英。

四德榜（一）

四德榜（二）

四德榜（三）

第十四章　生产生活用具

第一节　生产用具

一、田间用具

田间用具以镢头、铁锨、锄头、镰刀等为主，伴以其他简单用具，如抓钩、榜锄子（小型锄头）、镢镰子（又称镰镢子）、担子（扁担）、钩担（两头带钩的扁担）、皮绳、麻绳、筐头子（用白蜡条、绵槐条等编成的三条筐系连在一起的圆筐，用以装粪土等）、粪箕子（盛柴草或拾粪的工具）、幺筐（专指较大型的筐）、抬筐（较大的圆形筐）、筢子（竹制，用以搂柴草）、篮子（条编，也称提篮）等。

耕作用具有犁子、耙、木耙、铁耙子（平整土地用）、耩子、砘子（用以压实耩沟）、牛梭头（耕地时套在牛脖子上的犁具）、牛撇绳（用以指挥耕牛行动）、赶牛鞭。

筐头子

粪箕子（左）与幺筐

耙

犁子

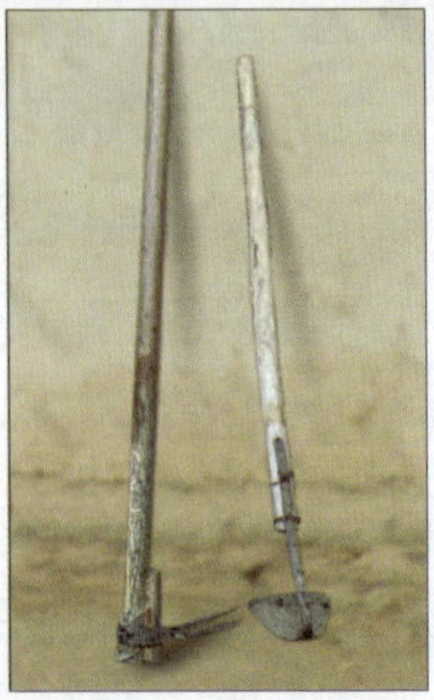

抓钩（左）与耪锄子

锄与镢头等用具

耩子

二、场间用具

“场间”特指农村收获季节所使用的场地。场间用具有杈、耙（木制）、扫帚（竹条扎制）、木锨、碌碡、碌碡郭子（固定碌碡，用以打场轧谷物的工具）、簸箕、筦子、口袋（用线绳织成的长1.5米左右的装粮食用的袋子）、筛子、折子、苫子等。

筦子（右）、簸箕

碌碡

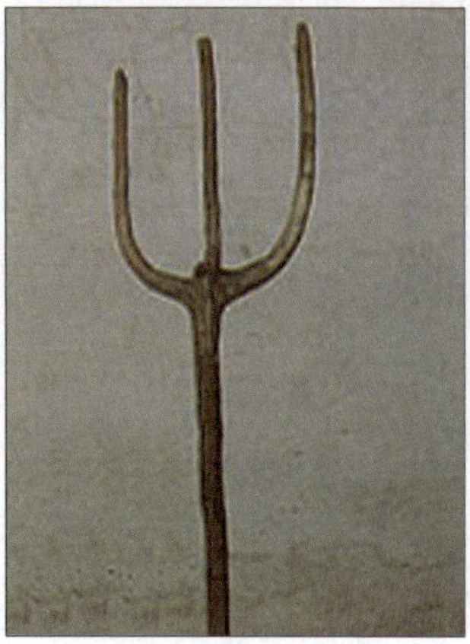
木杈

耙子与木锨

场间工具

村民俗语有“杈耙扫帚扬场锨，碌碡簸箕赶牛鞭”。

三、容器单位

古时农村量粮食的器具称尺子，有合、升、斗等，多为方形，用木头制成。10 合为 1 升，重量为 500 克；10 升为 1 斗，重量为 5 千克；10 斗为 1 石，1 石重量为 50 千克。

四、长度单位

旧时，农村丈量器具称尺子，单位有寸、尺、丈。十寸为一尺，十尺为一丈。旧时农家常用的尺子俗称“白布尺”。丈量农家土布称大钩、小钩，一大钩为二小钩，每一小钩为七尺（白布尺）。丈量土地论“杆子”，一杆子相当于三尺六寸或者三尺四寸，也有用三尺二寸的。有“短 13（杆子），长 15（杆子），不多不少正 1 亩”之说。与现在市尺比较，“白布尺”的一尺相当于 52 厘米，也等于 1.57 市尺。

五、衡器单位

旧时农村衡器为杆子秤（又称钩秤）或盘秤，以 16 两为计量单位，为斤、两、钱。即 16 两为 1 斤，16 钱为 1 两。1959 年改为每斤 10 两，每两 10 钱。1959 年 6 月 25 日，国务院发布《关于统一我国计量制度的命令》，其中对市秤改为 10 两制加以肯定。但中药房称量药剂仍沿用 16 两制，直至 1977 年改用克。其后，油篓村改换了新式衡器，旧式 16 两计量的秤被淘汰。

古代的秤，秤砣谓“权”，秤杆谓“衡”，而称重量时，秤砣和秤杆要合在一起使用，故称“权衡”。

第二节　生活用具

油篓村民必备的生活用具有磨、碾、锅、碗、瓢、盆、铲、箢子、簸箕、囤、纺线车、榨油机、织布机、铡刀、鏊子等。

石磨多为几家合用，石碾为全村共用。推磨、轧碾为农村妇女常干的活计之一。现时机器煎饼盛行农村，石磨基本无人再用。

村民做饭和炒菜用的锅分五印、六印和八印大锅；炒菜用的锅有半沿子锅和大、小耳朵锅。洗菜或者盛东西用泥盆，有大盆、二盆、三盆子、四盆子。中华人民共和国成立前，多用黄泥土烧制的土陶泥瓦器具如水缸、罐子，盛水或者盛粮食。1958 年后，挑水用的泥罐子已不多见。盛水多用瓷缸，土陶制品改换为塑料或铁质器具。

旧时餐具一般多用粗瓷大白碗和黑陶碗，有的用窑老黑（黑色大碗）；炊具有铲子、筷子、水瓢（葫芦剖开所制）、舀饭勺子（有的使用木勺或铁勺）等。中华人民共和国成立后，除继续使用上述餐具炊具外，细瓷、铝合金器皿被广泛应用。70 年代以后，铝壶、铝锅、铝盆、铝铲等成为农家必备用具。

村妇在烧锅做饭

风箱盛行于 20 世纪 60 年代。因做饭、烙煎饼烧柴困难而改用煤炭，风箱成为家庭必备生活用具。农村生活环境和生活条件发生改善后，柴草充足，风箱退出村民生活。

一般农家有衣柜、抽屉桌、饭桌、椅子、马杌子、杌扎子（马扎）、板凳、木床等家具。富裕之家除此以外，还有大衣橱、八仙桌、条山几、圈椅等。中华人民共和国成立后，家具改革，老式的家具逐步被淘汰。70年代后，新增大衣橱、菜橱、高低橱、新式椅子等家具。近年来，青年新婚添置沙发、写字台、折叠椅、组合橱、席梦思床等高档家具。老年居民以睡木板床为主。

旧时，村民送闺女出嫁，一般陪送“四大件”，即一个柜子、一个抽屉桌子、两把椅子。家境好一点的，陪送“六大件”，即一个柜子、一个抽屉桌子、两把椅子、两个马杌子（方凳）。陪送“八大件”的农户少有，“八大件”分别是一个大八仙桌子（高方桌）、一个地八仙桌子（矮方桌）、一个柜子、一个抽屉桌子、两个马杌子、两把椅子。有的富裕之家，不仅要置办许多家具，还有金银、珠宝等陪嫁，有的还陪送土地（俗称脂粉地）等。中华人民共和国成立后，党和政府号召移风易俗、喜事新办，反对大操大办。男女青年结婚对嫁妆不甚讲究，但追求手表、自行车、缝纫机“三大件”。改革开放后，“三大件”改为衣橱、组合柜、沙发等。20世纪80年代至90年代，彩电、冰箱、洗衣机称为“新三大件”。个别人家嫁女，嫁妆改由婆家负责置办。

旧时，当地居民无烧煤的习惯，多以柴草为主。20世纪六七十年代后，居民多烧烟炭，后改为以无烟煤做成的蜂窝煤为主。冬季取暖，旧时农家用泥火盆烧木柴，现大多用烟煤或无烟煤炉子。

旧时，农家点灯照明用花生油，有的用锡灯。50年代后，多用煤油照明，灯具有罩子灯、马灯。80年代初，村民用上了电灯，农村照明用电基本普及。

石碾

石磨

鏊子

耳朵锅

八仙桌

双开门老式菜橱

新式菜橱

衣柜

老式菜橱

纺线车

饭桌

马杌子

椅子

老式织布机

钩担、铁筲、泥罐子

长条凳子

老式木床

鳖盖子（亦称弯弓子）

油篓子

地八仙桌

第十五章　社会保障

第一节　五保 救济

一、五保

1956年，农业合作化后，油篓村开始对五保户进行照顾。当时的照顾方式是包吃、包住、包穿、包葬。最早的五保户有李荣田（三老虎）、李士金、李贵安、巩兴启4人，现已全部亡故。

1958年，人民公社化后，对五保户的照顾由其所在生产队承担。口粮按生产队的平均数供应，住房由生产队负责修缮，医疗费用由生产队支付。他们去世后，大队负责安葬。

2000年后，村里有五保户3人，他们是李洪店、李兴柱、李广清。

二、救济

救济主要表现在20世纪五、六十年代的生产队时期，群众生活一旦出现困难，上级有关部门便及时下拨救济粮、救济款。受到救济的农户多是人口多劳力少，或者出现天灾人祸造成了现实困难的。有的年份则是大面积的救济，按人头发放，到指定粮所购买。特别是三年困难时期，村里大部分农户都收到了救济粮、救济款。

实行家庭联产承包责任制后，救济对象一般是烈军属、退伍军人、残疾人、因病或人为因素致贫的困难户等。

第二节 低保 捐助 养老保险

一、低保

2006年，油篓村对因大病、高龄、残疾等致贫的农户进行最低生活保障评议。经过公议推举，上级批准左北英、李中贤等12人享受低保待遇。2017年年底，全村共有56人享受低保待遇。低保金额按规定发放，由国家财政支付。

二、捐助

爱心捐助 李忆民在所办企业发展取得效益后，没有忘了回馈家乡。2015年正月十五，他组织公司员工，在县团委的协助下，到平邑县老年公寓慰问寓居老人，给他们发放了自己公司生产的“暖暖艾中药足浴”产品。在寒冷的严冬，为老人送去温暖和爱心，受到老人们的赞扬。他还多次参与社会组织开展的为藏区儿童捐献棉衣、为家乡贫困孩子捐献书包及学习用品等活动。

2013年6月，在曾子学校就读的高一学生李丽被诊断为尿毒症。校党委书记燕本芝、团委书记陈晨发动和组织全校师生开展募捐活动，共筹集善款74000余元，送到李丽父母手中。这次募捐活动引起多家媒体及“平邑义工”组织的关注，平邑电视台多次报道，呼吁全社会给予救助。“平邑义工”担当起募捐义务，募集款物价值15000余元。2014年春节期间，在李庆军的倡导下，全村村民进行了一次募捐活动，为李丽募集善款16000余元。县民政部门及时为她办理了低保和贫困户救济。

公益赞助 2014年3月，村党支部发动群众捐款整修田间生产路。共捐款44375元。群众自愿捐工，修通3米宽的生产路6条，约5公里。

另有村民多次捐款，从事公益活动，如修村中公路捐款20余万元；修村中到土地庙之间的道路，捐款4万余元等。

《油篓村志》于2017年年底完成送审稿，为及时印刷出书，村委发出了赞助捐款倡议，共57人参与赞助活动，筹集资金84166元。

中央美术学院崮顶艺术家创作基地投资商山东富森崮顶旅游开发有限公司总经理张琪、副总经理平晓亮、经理张成飞赞助6666元。

田间生产路工程捐助纪念碑

《油篓村志》出版赞助如下：

李　阳 30000 元	李庆勇 10000 元	李忆民 10000 元
李洪成 2000 元	李兴民 2000 元	李中国 2000 元
黄　涛 2000 元	李洪陵 1000 元	李吉华 1000 元
李兴红 1000 元	李中红 1000 元	李洪刚 1000 元
李广峰 1000 元	李洪江（1 队）1000 元	
李广学 600 元	李中运 600 元	
李洪彪 500 元	李洪生 500 元	李中良 500 元
李洪太 500 元	李中芹 500 元	李广顺 500 元
李兴普 500 元	李洪柱 400 元	巩继明 400 元
徐德全 400 元	李洪全 400 元	李洪村 400 元
李洪师（1 队）200 元	李庆义 200 元	巩圣华 200 元
李洪仕 200 元	李吉传 200 元	徐德义 200 元
李广秋 200 元	李中元 200 元	李秀江（1 队）200 元
李中法 200 元	李志良 200 元	李庆明 200 元
李庆国 200 元	李洪义（1 队）200 元	李洪华（4 队）200 元

黄守红 200 元　　李吉廷 200 元　　李洪金（1 队）200 元

李洪宝（2 队）200 元　　李洪夫（4 队）200 元　　李秀堂 200 元

李吉海 200 元　　李广芹 200 元　　李庆才 200 元

李中传 200 元　　李　中（2 队）200 元　　李中信 200 元

李广智 200 元　　李洪俊 200 元

三、养老保险

新型农村社会养老保险制度采取社会统筹与个人账户相结合的基本模式和个人缴费、集体补助、政府补贴相结合的筹资方式。满 60 周岁以上的农村居民个人不再缴费，直接享受中央财政补助的基础养老金，但其符合参保条件的子女应当参保缴费。只有年满 60 周岁的农村老年人，并且其符合条件的子女参保缴费，才可享受政府发放的基础养老金。

油篓村民新型农村社会养老保险制度效益，2010 年 1 月起产生，每个 60 周岁以上的老年人每月领到 55 元的生活补助，后逐年增加养老金。2017 年年底，油篓村享受农村社会养老保险的老人共有 221 人。油篓村基本解除了老人的后顾之忧，实现老有所依、老有所养的目标。

第三节　特殊人群照顾

一、烈属

油篓村徐德法、李荣怀、李广启 3 人解放战争时期参军。后失去音信。1958 年，县民政局追认徐德法、李荣怀、李广启为革命烈士，其家属均受到了烈士家属待遇。1989 年台湾海峡两岸关系和缓后，李广启从台湾回乡，烈士家属待遇自动取消。2014 年 9 月，县民政局为徐德法、李荣怀 2 名烈士代刻纪念碑，由其亲人在老家安葬。

李荣怀墓

徐德法、李荣怀、李广启 3 人参军期间，村里安排专人为其代耕、代种、代收。人民公社化后，烈属的口粮标准高于所在生产队社员平均水平。

徐德法墓

每逢春节，村里多于除夕日对他们进行慰问，由大队领导出面组织共青团员、民兵队员参与慰问活动，敲锣打鼓到烈军属之家，送米面、猪肉，挂光荣牌，贴对联。

二、军属

中华人民共和国成立前，村里对军属采取“代工代劳”政策，及时帮助他们收种和进行田间管理。合作化时期，采用以前办法进行照顾。春节期间，军属待遇与烈属相同。

三、国家工作人员家属

在生产队时期，国家工作人员家属享受所在生产队人均口粮标准，但口粮款由其家属如数上交到生产队。1982 年，实行家庭联产承包责任制后，国家工作人员家属享受与村民同等权利，按所在生产队人均土地面积承包责任田和果树。

四、残疾人照顾

油篓村对残疾人护理照顾始于 2014 年。经上级核定批准，全村有 15 名残疾人享受生活补贴和护理补贴，每季度补贴 510 元，由县财政定期发放。

第十六章 风俗习惯

第一节 岁时习俗

一、春节

春节是当地最大的传统节日，俗称过年。

腊八节后，开始忙“年”，家家办年货，备年饭（主要是烙煎饼、蒸馍馍），做新衣。男子理发（俗谓过年不陈头）。家中务必添置碗筷，寓意添人口；打扫厨房，清扫栏圈，以示辞旧迎新。

除夕，俗称“年三十”。黎明时在院中置碎草一堆，点燃使之冒烟，放一只鞭炮，谓之“熰蚊烟”。早饭后，家家洒扫庭院，张贴对联。上午上坟祭祖，下午请“家堂”（上坟的不再请），挂宗谱，立牌位，供奉祖先。备办美酒菜肴、煮烂菜（指豆芽、干豆角、猪骨头、猪头等菜的大杂烩），全家聚餐，俗称吃“团圆饭”。

晚饭后，挑水，备柴，迎“财神”，于大门及屋门外放拦门棍，意为防鬼祟入宅。除夕，老人摆供点，上香，用豆腐压锅，妇女包饺子、炒花生，合家围坐炉旁，点燃松木疙瘩取暖（70年代，逐渐改用烟煤炉），通宵不寝，谓之“守岁”。“年五更”，家家煮饺子，点燃香烛、纸箔，敬天地，祭祖宗，放鞭炮，辞旧迎新，自午夜至黎明，谓之“发纸”。“五更饺子”必用素馅，每人一份，意求全年素静。晚辈向长辈拜年，长辈赏以“压岁钱”。

正月初一早饭吃水饺，以早为吉。饭后，身着盛装，姑嫂结队，兄弟同行，走街串户，相互祝贺，共庆佳节，或娱乐游戏。中华人民共和国成立后，村干部于戏台子讲话并举行团拜活动。

正月初二或初三，晚饭后将祭祀的祖先牌位送至村头，化纸叩头焚 烧，俗称“送家堂”。初三晚饭吃水饺、面条，喻“拖秧结角”之意，以祈丰年。初五晚再吃饺子，称之“捏蚊子嘴”。正月初五过后，农家备耕，店铺开业。

春节有诸多禁忌：“年五更”不泼脏水；正月初一忌挑水、扫地，多言吉利语；正月初五，俗谓“五忙日”，民俗不动土，不事女红；初五之前，不烧干锅，不炒菜，多食除夕晚烧的“烂菜”（杂烩）；煮破的水饺不说“破”，而说“挣了”等。

二、元宵节

俗称“正月十五”或“小年”。晚上，农家祭神祀祖，焚香烧纸，放鞭炮。家家吃水饺。旧时没有吃元宵的习俗，现今居民吃元宵的渐多。元宵节之夜，有上灯习俗，用粗面或胡萝卜制作各种形状的灯盏，放于大门两侧、门口、床前、猪圈、鸡窝、场间、先辈坟墓或土地庙前。上灯后，年长妇女提灯四照，预示洁静；儿童手提灯笼，燃放鞭炮等，或在村外空旷地带将用过的刷帚头点燃抛向空中，俗称“扔刷帚灯”，此为当地最有地方特色且儿童最为喜爱的娱乐活动之一。青年多结伴踏月放灯，从正月十四日晚起，连续三天。若三日内无风，俗称“收灯”，主丰年（十四为兴灯，十五为正灯，十六为残灯）。

三、中秋节

农历八月十五日为中秋节。节前，人们多以月饼、美酒等馈赠亲友，互祝节日。中秋节晚饭多备丰盛菜肴、酒馔，阖家聚餐。晚上，备几于庭院拜月、赏月，分食月饼，俗称“圆月”，寓意阖家团圆。

四、其他节日

二月二　俗语“二月二龙抬头”，为“龙头节”“春龙节”。农历二月初二早上，各户在院中、场间，用簸箕将草木灰撒在地上勾勒出圆仓形，中间放少许五谷杂粮，上压石板，俗称“打簸箕”“围仓囤”，祈全年丰收。用簸箕端灰撒于院外墙根，寓意秋后粮多跑不了。家家炒“料豆”，俗称“蝎子爪”。有干炒黄豆或熟煮五谷杂粮的习俗，谓之“煮虫”，祈全年不受虫害之苦。实则春耕将近，炒豆喂牛以使牛身体壮实，后沿为人吃“料豆”，以求驱邪防病。

清明节　清明前一日为“寒食”，旧时多吃冷食，不动炊，儿孙等到祖茔添土上坟，以示悼念。按当地习俗，清明当日坟头添土但不上坟烧纸，清明前三日或后三日均可上坟。清明节早晨，各户插松柏、柳枝于门楣，儿童编柳条圈套于狗脖之上。踏青的习俗不盛，但有清明放风筝之俗。现时各群众团体到烈士陵园祭扫烈士墓，进行革命传统教育。

端午节　农历五月初五日为端午节，旧时无吃粽子的习俗，因偏僻乡村无粽子可食，则以荠菜煮鸡蛋代之。儿童手腕、脚踝系五色线，胸戴香荷包。有采药的习俗，多于日出前采集车前子、竹叶、桑叶、大艾、茵陈、大麦及小麦秸秆等，以备家庭医用。

六月六　农历六月初六，俗称“过半年”。民间有“六月六晒龙衣”之俗，于是日午晒衣、晒书以防潮湿、虫蛀。备制酒馔、鲜果，在院中设香案，用新麦面粉擀面叶敬天，祈祷丰年。如遇丰年，村民集资或凑集香楮，于大街设香案，备祭品，敬天祭神，俗称“打路斋”，或称祭“雹神老爷”。当地有“吃伏羊”的习俗。

九月九　农历九月初九为重阳节，当地不事此节，只在此日改善生活。重阳节被定为法定节日后，儿女为表孝敬，多有为父母添置衣物等活动。

十月一　农历十月初一为祭祀祖先的日子。有上坟添土、出嫁女回娘家祭祀已故长辈的遗俗。旧时农家秋收已毕，受雇做活的（长、短工）“下赁”，有“拔了棉花柴，放牛小子要下台”之说。当日晚吃水饺，庆贺丰收。

腊八　农历腊月初八。居民多于早晨喝腊八粥，并用米粥祭灶，祈求灶君保佑发财、人口平安。腊八粥用大米、小米加红枣熬煮而成，谐音“拉巴”，寓意多生育。旧时有施舍粥饭之俗，现已废。

辞灶　农家认为农历腊月二十三日（有的选择腊月二十四）是送灶君上天禀报的日子，称“辞灶”。有“官辞三，民辞四”之说。天傍黑，于厨房灶君神位前供奉糖瓜（灶糖），扎一纸马，主妇叩拜祈祷毕，焚之，寓意送灶君骑马上天，使之“上天言好事，回宫降吉祥”。除夕迎回。现时送灶之俗已淡化。

第二节　婚庆习俗

一、嫁娶

旧时婚嫁习俗烦琐，一般要经纳采、问名、纳吉、请期、纳征、迎亲等婚礼程序，大娶大嫁，铺张浪费。

20 世纪 50 ~ 60 年代，油篓村在外工作的青年与城镇机关青年结婚仪式相同，一般都比较简单。婚期多定在元旦、“五一”或国庆节。婚礼多采取茶话会形式，由单位领导主持，亲朋好友参加，备有茶水、糖果、香烟等。80 年代后，村里青年结婚模仿城镇青年，婚礼大操大办、摆阔气、讲排场之风日盛，造成沉重的经济负担。进入 21 世纪后，随着生活水平的不断提高，婚礼攀比之风日行。

从中华人民共和国成立到改革开放，中国人的生活由温饱进入小康，结婚作为人生大事，其操办的形式也在不断“升级换代”。社会上流传顺口溜：“五十年代一张床，六十年代一包糖，七十年代红宝书，八十年代三转一响，九十年代星级宾馆讲排场，二十一世纪特色婚宴个性张扬。”

现时比过去有所简化，多采取新旧结合的方式。

定亲　旧时男女十几岁后，父母即托媒为儿女求亲，只要年龄适合、门户相当、生肖相合，便由家长作主，相约吉期，通启订婚。现时农村青年恋爱，多通过媒人介绍，男女双方同意，父母认可后，即可商定吉期。至时，女方由其母、嫂等人陪同到男方相家，称为“相亲”。男方设宴款待，并赠以彩礼，现金压启。男女双方交换婚约，称为“下启”或“传启”。钱物多少，因家境贫富而异。也有的青年先自由恋爱，在征得父母同意后，托媒人说亲订婚。现时有青年男女多数在工作学习中建立感情，自由恋爱，双方父母同意即可订婚。男女一旦定亲，男方逢年过节则向女方送节礼，女方即可出入男方家并为之操持家务。

送日子　又称为“下喜书”，农村青年结婚要在婚前数月内，由男方根据女方的生辰、属相，择定吉日，书写年命帖，俗称“看日子”。找双月双日将“年命帖”用红纸包好，派人（多由媒人）送到女方家，俗称“送日子”“送年命”“下喜书”。送日子时要带艾、香、麸子、盐四物，寓意爱情香甜、有福、良缘。“送日子”须与女方家长事先商定。女方接“年命帖”后，即可筹办嫁妆准备嫁女。

完婚 男方于完婚前置办木床，并找“全福人[①]”为新人缝制被褥，四角放铜钱，缀红线，以图吉利。吉日前一日，男方要派一本族晚辈携带四色礼（鸡、鱼、肉、粉皮），将新娘嫁时所用红棉袄、红棉裤、蒙头红、百褶裙、红绿扎腿带等送至女方家中，俗称“送催妆”。邀请贺喜亲眷，搭喜酒棚，贴对联，请厨师，备酒宴，聘鼓乐，一切准备就绪，前往女方家迎娶。吉日早，新娘家由姑嫂操持，摆盒、装柜，替新娘梳妆打扮，新娘在众人陪同下按“年命贴”所定时辰，身穿嫁衣呜咽上轿（车），发嫁。送亲大客（娘舅、叔或伯）随新娘同行，兄弟等送至村外返回，新娘随嫁妆出嫁。“文化大革命”期间，花轿被当作“四旧”被禁，李洪伟之妻曹常花是油篓村最后一个以花轿迎娶的新媳妇。后则先后以手推胶皮车、汽车、轿子车代之。迎亲鼓乐一度废止，现又恢复，新娘至男方家大门外落轿（车），等候片刻，俗称“勒性”，寓过门后性情温顺。同时将送亲大客迎入客厅。迎宾毕，男女傧相引新郎谢轿，点燃豆秸、纸锞，俗称“燎轿”，寓意驱邪。然后，新娘下轿（车），在鼓乐和鞭炮声中，踏红毡至院中香案前，拜天地，入洞房，行合卺礼后，二人同吃“宽心面”，共饮“交心酒”。新娘须“坐帐”，女傧相将枣、栗子、花生撒在新房中及床上，意为早立子、儿女双全。花烛之夜，点长明灯，亲友闹房。次日，新娘“开脸”，并向长辈或小叔子赠送新鞋、耳枕、花烟包等，同吃“斋饭”。饭后，由嫂辈陪同，新人带供品到祖坟祭祀。回家后，新娘依次拜公婆、祖父母、诸叔、伯、姑、妗、姨等长辈，长辈赠以磕头钱。下午宴请娘家来宾后，新娘返回娘家，第三日，娘家将女儿送回婆家，俗称“忙三天”。中华人民共和国成立后，婚礼旧俗渐废，仪式从新从简，新旧结合，富有新意。

出阁姑娘禁忌仍存，忌在娘家过清明、六月六、重阳等节日，忌在娘家分娩，产妇忌串门等。

注：①指儿女双全，无服孝在身、非孕妇、非再婚、夫婿健全的年轻妇女。

叫对月 “叫对月”的旧俗一般是“叫七还八”，或“叫六还九”。即婚后七天娘家叫，八天送回，或六天叫，九天送回。俗称“叫七还八，两家都发”“叫六还九，两家都有”。送对月时，新妇娘家备礼，由本家叔、伯或其他长辈送回，男方家盛情款待。现时一般以“忙三天”代替“叫对月”。

认门 婚后，新婚夫妇备礼品同回娘家认门，除岳父家盛情款待外，其他亲族亦轮流宴请。此俗仍存。

换季 婚后当年或第二年夏天，新娘娘家要做一身新衣新帽给女婿“换季”，并为女儿买蚊帐、席枕头、席帽子、凉席子等夏令用品。

二、贺嫁娶

男婚女嫁，亲朋好友均带礼物以示庆贺，男方称“送大饭”，其亲戚接喜帖后即备喜礼，多为鸡、鱼、肉、糕点等，俗称“水礼”；也有送钱钞的，俗称“干礼”。女方亲戚送布料、糕点、鸡蛋或压柜钱，通称“添箱”。此俗至今不衰。近年来，男子结婚，其好友多聚集一起，凑份子购礼品致贺。礼品多以炊具、床上用品等为主，于婚前送到男家，好友则于喜筵时到场祝贺。女方好友以关系亲疏远近赠以礼品，礼品多以穿衣镜、画匾、茶具等为主。参与送亲的女友所赠礼品较贵重。届时，送亲的女友陪同新娘至男方家，将受到盛情款待。

第三节 丧葬习俗

中华人民共和国成立之前，丧葬礼俗基本延续清末民国初的一套。丧礼复杂、烦琐、铺张，且具有浓重的迷信色彩，强调重殓厚葬、慎终追远，奉行葬之以礼、祭之以礼、棺椁必重、葬埋必厚、衣襟必多。其儿孙为博得孝名，不惜倾家荡产，经济上造成沉重负担。

成人葬礼分全场、半场，礼仪烦琐。病人病危或弥留之际，儿女为之洗理，穿寿衣，并移至堂屋明间“灵床”上，儿女不离身边，守候其咽气，谓之“送终”。逝后停尸灵床，头南脚北，口含制钱，苘束双足，白纸蒙面，点长明灯，放打狗饼，举哀，送路。继之，请族长，央襄礼，议丧事，讣告亲友，筹办发丧。丧家门上贴白纸对联，朝悬暮落门纸。孝子穿布袜，着孝衣，戴孝帽（女的顶搭头），拉哀杖，束孝绳，谓之“披麻戴孝”。开丧后，行朝夕奠、请魂（俗称泼汤）等礼仪。亲友接丧信后，携纸箔、祭幛、吊礼等前往吊唁，抚慰丧主。孝子行礼答谢宾客，并为之破孝。至亲留宿参加祭祀活动（有的在殡葬当日前往）。将入殓，先整容，后入棺。棺内放麸子、制钱及死者生前喜爱之物。尔后，儿女为之净面，盖棺待葬。若女丧，须待其娘家来人，叙死因，述丧仪，概无异议后方可入殓。殡葬前日晚，举行夜祭（有的于当日午间在家中举行堂祭），打三通鼓，奏启门乐、歌乐、雅乐，读祭文。围观者众多。女婿等外戚施以小礼酬谢鼓乐手。丧期1～5天不等，当地多为3天。出殡当日上午，亲友致吊“参灵”，丧家宴宾，谢客。午后发引，祭舆，送“盘缠”，行“路祭”，顶“老盆”。棺起，孝男领棺前行，孝女孝眷就地举哀，亲友停送后各自回家，唯外甥、女婿等陪同孝子至墓地。棺至墓地，孝子绕穴一周清扫墓室，目送棺木下土后，绕墓环行，撩衣兜土，手撒于坟周，待新坟隆起后，簇哀杖于坟头，卸孝回家，葬礼毕。

次日，孝子孝眷赴墓地致祭，焚香化纸，祭奠并整理坟堆，称“圆坟”。后每逢“五七”“百日”“忌日”均到坟前进行隆重祭奠。当地以“五七”祭祀为主。有“偏‘五七’正‘百日’”之俗。“五七”日，子女至亲、女婿、外甥等要备盒礼（鸡、鱼、猪头等供饭、供菜），出嫁女为亡故父母扎制摇钱树、金童玉女、马（女用）、牛（男）等纸祭品。届时供于坟前。祭奠时，焚烧祭品、纸锞，行跪拜礼，后卸孝回家。丧家均盛情款待参加祭祀的亲朋等。葬后孝子服孝3年，男穿白鞋，帽沿白边，女素装，扎白带，上衣沿白边。

中华人民共和国成立后，政府宣传移风易俗，殡葬改革。由于受传统习惯势力的影响，油篓村丧葬礼仪基本如旧俗。“文化大革命”期间，传统丧仪被禁。数年后，乡村守灵、报丧、祭仪、筑坟等旧习俗渐有恢复，仍按旧制土葬。1977年后，全县推行火葬。遗体火化前，农村葬礼仍按旧俗。国家公职人员亡故，亲朋好友多送花圈、挽联致祭，由单位主持追悼会，火化后有的葬入祖茔，有的骨灰存放火化场。服孝如旧俗，但改3年服孝为“1年白、2年青”，多戴“孝”字黑纱。父母亡故百日内不理发，不走亲访友，三年内不贴红色对联。嫁女或其他亲戚为亡故亲人上坟，忌直接到坟前焚纸，意避此家无后继之人之嫌。

进入21世纪，由于外出经商做工人员流动频繁，故将葬礼合并进行，减少程序，发丧一天、“圆坟”和“五七”祭奠合为一天。

第四节　生活习俗

一、饮食

境内农家居民家常饭以杂粮为主。中华人民共和国成立前后，村民以高粱、谷子、红薯等粗粮为主食，为备荒有冬贮干菜的习惯，多为红薯秧子、萝卜缨子、辣菜疙瘩缨子等。煎饼、糊豆为家常便饭，早晚喜喝糊豆，一日三餐吃煎饼，煎饼用小麦、高粱、红薯干磨成糊状，用鏊子摊烙。20世纪60年代后，多将粮食（以红薯干为主）磨成面粉，水和面压干后成团，用手滚烙。馍馍、包子（水饺）、油饼、发面卷子、烧饼等面食，一般人家在年节或招待客人时食用；挂面、油条多为串亲送礼之物。80年代后，农村实行生产责任制，细粮增多，粗粮细吃，居民饮食结构发生了变化，饮食习俗依旧。

春夏秋一日三餐，冬天两餐，习惯全家合餐。农忙时，一日三餐多在田间地头。常备菜肴有咸菜、辣椒花（用辣椒与韭菜花制成）、咸鱼、红虾、湖鱼、粉皮、粉条等。常食蔬菜有大白菜、小白菜、萝卜、芹菜、菠菜、茄子、韭菜、豆角、芸豆、土豆、西红柿、辣椒、大蒜等。早饭一般不炒菜，多以咸菜、辣椒等佐餐，只中午或晚饭炒菜，以晚饭为重。炒菜多为清炒豆腐及部分自产蔬菜。食用油以花生油和猪油为主，豆油为次。口味尚咸辣。

对宴宾饮食，农户较为讲究。除烟茶款待外，在用饭上，贵客初到多吃面条，寓意“常（长）来常（长）往”，一般不吃水饺，认为吃水饺把客人的嘴给“捏”上了，对人不礼貌；“红事”用饭多为馒头；“白事”米饭为主，近时也多为馒头。用菜方面，菜无论多少，均为双数，一般为8～10个菜，荤素搭配，但必有鸡鱼肉蛋，席间备以白酒或色酒。随着经济条件的提高，农村宴宾饮食也多以丰为荣，尽心待客。20世纪40年代末50年代初，农村宴宾一般时兴“十大碗”或“四大洋盘”。70年代后，多用陶瓷汤盘上菜，用碗者少见。“文化大革命”后，一般农户丧事菜肴以素为主，不甚讲究。现时农村红白事宴宾多为十菜一汤或十四菜一汤，有的喝高档白酒，夏季以喝啤酒为主。

二、服饰

衣帽 中华人民共和国成立前，境内居民衣着贫富悬殊较大。农家衣着俭朴。服装以机织土布制成，花色单一，以青、蓝、白为主。式样受清代服装影响，男女单、棉上衣多带大襟，高圆领，以肥大为美，布结扣子，男左女右。女子喜爱衣镶花边，穿过膝褂子，下身穿大档裤子，绾折束腰。青壮年妇女多用红绿带子扎腿，老年妇女及老头喜扎青色布带。富裕人家穿长袍马褂。中华人民共和国成立后至60年代中期，农村男女老人衣着无变化。“文化大革命”时期，青壮年男子普遍穿学生服、青年服、中山服、国防服、对襟便服，女青年穿对襟褂子、列宁服、小西服。男女流行穿西式裤子。衣料多以机织棉布为主，花色增多。女装中性化盛行，青壮年妇女很少穿老式大襟褂。草绿色国防服一度盛行。70～80年代，衣着观念发生了变化，服装的质料、款式、花色日趋新颖，向中高档发展。人们一般购成品服装或购衣料加工。农村青年穿直筒裤、港装、喇叭裤、牛仔裤等，服装款式几乎与城镇无异，女青年穿裙子者较少。

旧时，农家男性冬天多戴毡帽，春夏秋季节戴青色瓜皮帽（俗称帽壳）；富家男子戴礼帽；儿童戴虎头帽；青壮年妇女戴缎质沿边护耳帽、老年妇女多围黑布头巾。中华人民共和国成立后，农家老年、壮年男子戴线织套筒帽，带檐棉布护耳帽，青年多戴三扇帽（俗称栽茼帽子）、八角帽，以青蓝色为主。“文化大革命”时期，草绿色军帽盛行。长围巾、方巾在村中流行，老年妇女时兴戴青色平绒帽。80年代初，妇女仍系方巾，以青蓝色为主。

鞋袜 清末民国初，男子春秋穿着狭口麻线纳底布鞋，冬天穿草窝（用芦花缝制而成），女子穿纳底绣花鞋或割花鞋，儿童穿猫头鞋。山区流行铲鞋。男女均穿纳底靴式双层布袜，喜用包脚布子缠脚。20世纪50年代后，人们穿胶鞋、塑料底布鞋、橡胶雨鞋。男子仍穿圆口布鞋、千层底带五扣眼鞋，冬天穿三接头布棉鞋或老头棉鞋，少女及青年妇女仍以绣花鞋为美。青年男女多穿粗纱筒袜（俗称洋袜子），鞋袜仍以自制为主。“文化大革命”期间，时兴黄色解放鞋、兰色力士鞋、塑料凉鞋，以及用汽车轮胎自制的简易凉鞋，俗称“呱哒子”，女青年喜好青色方口带绊布鞋，穿绣花鞋的减少。男子多穿尼龙底粗纱高筒袜，妇女穿细纱针织袜或弹力尼龙袜。80 年代后，自制布鞋袜者少有，多到商店购买。穿皮鞋者增多，女青年以穿着高跟皮鞋、布鞋为时髦。夏天男女均着塑料凉鞋或皮革凉鞋。纳底布袜为尼龙袜、绵纶丝袜所代替。

饰物　传统儿童饰物有金银手镯、长命锁、香荷包、五色线及桃木刻制饰物等；男子日常饰物多为婚时所备布绣花束腰带及花烟包、旱烟袋等，妇女饰物多为簪子、头钗、镯子、戒指、耳环、耳坠、发髻网子、发卡及瓦拢子等类。“文化大革命”时期，佩戴纪念章、语录本、红袖章盛行一时。80 年代后，传统首饰始流行。项链、变色眼镜等成为青年男女的流行饰物。现时金银首饰成婚嫁必备之物。

发型　民国初，男子始剃光头，有的留半发（俗称“二道毛子”），做公公后必留胡须；男童额前留“囟毛”，有的于脑后留一撮头发，俗称“赖羊毛”；女童须留“偏毛”，少女扎小辫、单辫或双鬏髻；已婚妇女盘髻于脑后，网发，青壮年妇女多盘圆髻，额前留汗绺子，老年妇女多为长髻。中华人民共和国成立后，男性老年多剃光头，留胡须者渐少，一般青年多留平头、分头、大背头。妇女仍以盘髻为美，未婚女性多扎大辫或双辫。“文化大革命”之前，女子很少到理发店理发；初期，妇女时兴剪短发，只有少女扎羊角辫或“刷帚把子”；后期未婚女子，渐恢复扎大辫，新妇或短发，或扎大辫。80 年代初，青年妇女始兴烫发。男女发式多样，中年男子以平头、分头为主，青年中多见大背头，老年男子仍剃光头。现时女性到理发店烫发、染发者居多。

三、居住

旧时，境内居民住房比较简陋。多为木、石、土结构硬山起脊草房。20 世纪 70 年代后，李广珍第一个建起瓦房。农村住宅一般单门独院，有正房 3 间，多南向，一明两暗，一般山墙留雀眼不留后窗。东西配房各两间或一间，均矮于正房。正房多设双扇门，偏房为单扇门，窗小而棂密，多为九棂窗。四周为院墙。院落布局多随山就势建房，方向以日照时间长短而定。大门多东南向，安柴门或挑檐门楼，富裕者建双扇大门连过道，内衬影壁墙。院内无井窖。厕所、栏圈、仓囤、石磨等以大门方位而定，不得乱设（栏圈多在院外）。旧时，建房时多请人事前看风水，择吉日，并有诸多忌讳。改革开放之前，农村建房多在农闲季节进行，有帮工帮料之俗。亲邻故旧多于打地基、上梁苫屋时前往帮工。新房上梁时，燃放鞭炮，并于脊檩贴“上梁大吉”，用红线系一旧皇历本及新筷一双。新房落成，主家款待工匠及乡邻。村中院落一般为3间或5间一位，四合院渐少。

2000年，村中仅有的茅草房

中华人民共和国建立前，居民一般不析产，几代人同住在一个院子里。院内正房多为3间，东间为上，住长辈；西间为下，多住晚辈；中间待客就餐。弟兄数人多住东西配房。一般能有3间堂屋、1间锅屋者为家境较宽裕者；多数贫苦人家，几代人住在一起，甚者住地窨（地屋子），或住场园屋。

中华人民共和国成立后，居住仍沿旧俗。时至今日，在民房建设中的迷信禁忌仍然有较深的影响。厢房不高于正房，前院正房不高于他院正房，他院墙角不能对正房或大门门口，大门禁“出门碰山（屋墙）”，以出入顺当为要，忌向别人院中开后窗。建房忌选址坟场、风水不佳之地等。

第五节　生产交易习俗

一、生产习俗

旧时，村内居民以农为本，他业不盛。崇尚勤劳细作、节俭持家。在自然经济条件下，农民一般男子耕作，女子料理家务。清光绪《费县志》称邑民“男耕而女不织”。中华人民共和国成立后，随着经济体制的变革和商品经济的发展，农村妇女移风易俗，逐渐从家务中解脱出来，投入到务农、务工、经商的行列中。

旧时，农民生活惯于日出而作，日落而息，春种、夏锄、秋收、冬藏，年复一年，周而复始。春节过后，常择“双日”鸣放鞭炮“动工”，拾掇犁具，运粪，备耕。“谷雨前后，种瓜点豆”，春种开始。收获季节农民劳作紧张，有抢收抢种之习，夏收、“三秋”以及金银花采花时节，为最忙之时，村民常事前备足干粮，早、午饭多在田间地头吃。俗语“生乎（的）夺麦拔白菜，月亮地（儿）扛秫秸”，意即抢收抢种。天气炎热时，早出工，晚收工，中午歇大晌。夏至以后，秋作物苗已安排就绪，夏锄已过，农民有挂锄钩歇夏之俗。秋收完毕，便进入冬闲。平时劳作多为“五绊”，早晨干一绊[①]活后吃饭，上下午各两绊，有地头吸烟歇绊的习俗。因交通不便，村民运送收割庄稼多用扁担挑。旧时农家为养家糊口，外出“打短”（打短工）者多，农业合作化后，此俗渐废。实行生产责任制后，生活节奏变快，农民多利用农闲到外地务工经商，增加收入。

旧时，农业生产力低下，农民靠天吃饭，有天旱祈雨，雨过后“贺雨”之俗。现时此俗尚存，但迷信色彩淡薄，讲科学、信科学者渐多。

二、交易习俗

境内交易，以集市交易为主，5天一逢集，首集为昌里集。2000年后，巩家山村设小集市一处。白天交易。农闲时赶集者多为男子，现时女子到集市上买东西者渐多。粮食、蔬菜、牛、羊设有专市。旧时，“经纪”垄断牲畜市场，撮合买卖并从中牟利，现时仍有经济人活动，撮合交易。中共十一届三中全会后，个体经济迅速发展，集市贸易更加活跃，各业摊点遍布市面，议购议销，价格浮动。

注：①指一会儿或一袋烟的功夫。

第六节　其他习俗

祝寿　乡俗生日不设筵受贺，亲友不登堂拜祝。有出嫁女子待父母 50 岁后，送鸡鱼肉等以示祝寿之习俗。民间有“逢六吃肉，逢七、一吃鸡”之说。每逢农历闰月之年，要为父母长辈做闰月鞋、袜，送闰月饼，意祈免灾长寿。现时，为小孩过生日者渐多，亲友于是日备礼物致贺，家庭备蛋糕，全家及亲友聚餐。为小孩过生日者多于为老人祝寿者。

贺生育　妇女产后，即遣人去娘家报喜。生男孩则在大门口挂书本、弓箭、红布条(俗称红子)，意为孩子长大成人后能文武双全。生女孩挂书本、蒜头(寓意过日子会算计)、红布条。第 3 天烧喜纸，祭拜送子娘娘，娘家人带红糖、鸡蛋、小米、面及小儿衣物等前去贺喜，并商定“送粥米”日期，一般俗定女孩 9 天，男孩 12 天。送粥米之日，小儿姥娘、妗子、姨等须到场，舅为小儿铰头，并赠以“铰头钱”或“铰头羊”，其他亲人赠以见面钱。男方家族亲友均于当日前往祝贺，贺礼多为米面、红糖、鸡蛋等。男方设宴盛情款待。产妇满月后，其娘家来人将其接回住几天，俗称“叫满月”“躲尿窝”。待百天，姥娘要再次登门看视，须缝制裤子 1 件作为贺礼，裤内装核头、馒头等。是日，将婴儿抱到场间，由婴儿伯父脚踩碌碡为其穿裤子，同时将核头、馒头从裤腿登出弃之，俗称“穿百天裤子”，意祈日后“长命百岁”。有“姑做鞋，姨做袜，姥娘做个裤衩衩”之俗

贺乔迁　迁入新居，亲朋好友带烟、酒、鱼、肉等礼物，前去祝贺乔迁之喜。主人备宴招待，俗称“温锅”。此俗城乡盛行。

退盘　旧时小儿种牛痘或出天花，习惯于屋门上方挂红子（红布条）。外祖母、姨母等要带烧饼、油条等物前去探视，称“掉盘”或“退盘”，意即祝落痂痊愈。现时儿童接种痘苗时，仍风行此俗，多在每年的 5 ~ 6 月进行。

第七节　陋俗流弊

一、迷信、陋俗

旧时，当地村民多信仰天地神灵。节日、婚嫁、丧葬等活动带有浓厚的迷信色彩。

打“包袱” 旧时，人们（特别是农家妇女）遇到病灾，往往请巫婆神汉为之祈祷。病家备荤供，出钱财，打“包袱”还愿。巫婆神汉借机装神弄鬼，故弄玄虚，欺骗群众，信者妄受其害。中华人民共和国成立后，政府对此严加取缔。

按神桌子 旧时，有中年以上妇女按神桌子的习俗，她们崇拜财神、观音老母、狐仙等。神桌子多设于内室暗处，供奉“仙姑”或“大仙”，每逢年节便摆香案，陈供菜，烧香、磕头，祈求神灵保佑。个别神汉巫婆以替人按神桌子为荣，骗取钱财者较少。

叫魂 叫魂之迷信活动多系村妇为之。如遇人头痛、头晕、精神不振等现象，往往疑神疑鬼，认为是“掉了魂”。叫魂时，将空碗蒙上黄表纸，在阳光下用筷子滴水于纸上，边滴水边呼患者名字（一呼一应），待纸渗透出现晶莹水珠后，即为魂归来，接着让患者将“魂水”喝掉。如此往往造成病轻者加重、病重者愈重的恶果。小孩稍有疾病或惊厥啼哭不止，即被认为在某处“掉魂”，由一人持小孩衣履到出事地点“叫魂”。中华人民共和国后，随着医疗事业的发展和科学知识的普及，人们逐渐认清了叫魂的欺骗性和危害性。此活动已杜绝。

问卜 旧时，人们遇到不随心的事，不时求算命先生占卜，任其信口雌黄，论断吉凶。往往带来不良的后果。中华人民共和国成立后，政府明令禁止，此活动大减。

看风水 旧时，选宅基、看墓地，都要请“阴阳先生”（俗称“二宅先生”），选择风水宝地，以求发家致富、多子多孙、逢凶化吉、人口平安。中华人民共和国成立后，人民政府曾明令禁止，但此俗在农村尚存。

查日子 人们对婚嫁、土建、迁居乃至出门等都习惯找个黄道日子，以图吉利。此俗至今尚存。

二、陋习

缠足 缠足又称裹脚。旧时，女子以脚小为美，女孩子六七岁时即开始裹脚，由轻到重，直至将脚趾缠断，形成“三寸金莲”，尤以富家女子多见。五四运动后，提倡“天足”，反对缠足。1940 年后，八路军和鲁南区党委进驻油篓村，党和政府号召放足，广大妇女积极响应，逐步形成风气。中华人民共和国成立后，缠足陋习被革除。

赌博 旧时，赌场俗称“局”，赌博称为“来局”。赌场多为有钱人或游手好闲者所设，以坐收渔利。赌博形式有押宝、推牌九、搓麻将、抹纸牌、掷骰子等，尤以推牌九、押宝最常见。冬闲之际，特别是春节前后，赌博现象尤重。染此恶习者多倾家荡产、妻离子散，甚至沦为罪犯，其害无穷。中华人民共和国成立后，政府明令禁止赌博，油篓村民兵曾多次抓“局”，赌徒受到严厉惩罚，赌风基本肃清。

吸大烟 中华人民共和国成立前，村内有人种植罂粟，私自熬制鸦片。但染吸大烟恶习者极少。中华人民共和国成立后，人民政府明令禁止种毒、贩毒、吸毒。

第十七章　方言 谚语

第一节　方言 土语

油篓村地处平邑南部，为平邑方言的南部代表点，仍属北方方言中的中原官话区。油篓村由于历史的原因，交通闭塞，与外界交流较少，受外界语音的影响较小，仍保留着平邑老派方言的特色。

一、词汇

油篓方言词汇丰富，有自己的特点。有些词语只当地人知道其含义，如：对生菜和炒熟菜肴均称为“盐味儿”，东西坏了称为“屑了”，形容数量多为“生了”。普通话“哥哥”“姐姐”“妹妹”“奶奶”“爷爷”“姑姑”“嫂嫂”“舅舅”等称呼，都是叠音词，而平邑话除“妹妹”“奶奶”外，其余的均以单字称之，并在称呼前冠以排行，如大哥、二姐、二嫂子、大老爷、三叔、二舅、大姑等。

油篓方言称父亲为“爷”，称祖父为“老爷”　称曾祖父为“老老爷”。油篓方言中“大大”专为幼儿称呼伯父、伯母时所用。修理叫“扎箍”，本义是身受伤害，又包扎，又捆裹，引申出“修理”之意。打扮也叫“扎箍”；治病也叫“扎箍”，取治疗之意。买油叫“打油”，买布叫“截布”，买肉叫“割（音 ga）肉”。“打”“截”“割”都是买的意思，但叫法不同，“截”取中间断开之意，“割”仍读古音“ga”。溜须拍马叫“献浅子”“溜沟子”。看望称“了了或聊聊”。大声吵嚷称“吱歪”。有意激怒别人称“加钢”。无原则的争辩称“抬杠”。称地瓜为“芋头”，称玉米为“玉秫秫”等。

方言与普通话对照表

表 17-1

方 言	普通话
日头	太阳
日头地儿	太阳照着的地方
月亮地儿	月光下
云彩	云
雾露毛子雨	牛毛细雨
雷暴雨	较大雷雨
上冻了	结冰了
冷子	冰雹
利量地儿	空闲地
河涯	河，河边
坷塄	坑，粪塄
醭（音为bú）土	尘土
夹道子	两墙之间的狭窄小道
当天井	宅院里
当街	大街
上斑儿	上边或上头
旁斑儿	别处
四下里	四周
每年儿	往年，过去

续表 17-1

方　言	普通话
麦口	小麦收割时节
初头门儿的	上旬
今（方言读 jì）门儿	今天
夜儿里	昨天
每儿咱	以前
大崩子	很长时间
胧红明儿	黎明时分
男的	男性
女的	女性
小小子儿	小男孩
拔（音为 bà）儿	小男孩
大闺女	一般指未出嫁的女孩
识字班	战争年代沿袭下来的对未婚女青年的尊称
姐妹团	战争年代沿袭下来的对未婚女青年的尊称
贼	强盗，小偷
赚赚子	专指扒手
肉头	吝啬而不开明的人
精人儿	精明伶俐但办事不光明的人
爷	父亲、爸爸
老爷	祖父，外祖父
老老爷	曾祖父

续表 17-1

方　言	普通话
丈门爷	岳父，面称“爷”
丈门娘	岳母，面称“娘”
外甥	外甥，外孙
兄弟	弟弟
兄弟媳妇	弟媳
外头的	丈夫
当家的	丈夫
家里	妻子
媳妇	妻子，对年轻已婚妇女的称呼
老大伯（音为bēi）	丈夫的哥哥
小叔子	丈夫的弟弟
姑妹俩	夫妻俩
两乔	姊妹间丈夫的背称，又称连襟
脑么勺子	后脑勺
野了盖	额头
脖了梗	脖子
眼支毛	眼睫毛
鼻孔眼子	鼻孔
合心眼子	喉咙
牙花子	牙龈
胳了肢儿	腋下

续表 17-1

方 言	普通话
脯肋子	胸脯
肋脯骨	肋骨
皮棰	拳头
手指盖子	手指甲
脊阳骨	脊背
脯脐眼子	肚脐
叠肚	大肠头
不出坦	不舒服，患小病
肚子拉	腹泻
伤食	不消化而腹部难受
翻登	翻胃呕吐状，翻找东西
胀饱	腹部闷胀
痢心	吐酸水
扎裹	治疗，打扮
疤瘌	伤疤
玉秫秫（音为 fù）	玉米
芋头	地瓜
果子	花生
洋柿子	西红柿
马种菜	马齿苋
地豆子（地蛋）	马铃薯

续表 17-1

方 言	普通话
花子	金银花，亦称忍冬花
秫秸	高粱秸
勃勃丁	蒲公英
老鸹花	白头翁
指指桃子	凤仙花
车辙子棵	车前子
拉拉秧	茜草
天麻棵（音为 kuē）	益母草
白蒿头	茵陈
奶光子	未断奶的小猪
草毛子	断奶后的半大猪
趴猪（厥猪）	种公猪
趴牯	未阉割的公牛
犍子	指阉割过的公牛
氏牛	母牛
叫驴	公驴
草驴	母驴
骚乎	公羊
牙狗	公狗
儿猫	公猫
女猫	母猫

续表 17-1

方 言	普通话
毛猴子	狼
狍子	狐狸
夜猫子	猫头鹰
鸽鸽（音为 cān）木子	啄木鸟
春咕咕	布谷鸟
眠眠乎子	蝙蝠
出溜船	蚯蚓
姐了子	蝉
姐了龟子	蝉的幼虫
拆拆（音为 chēi）洗洗	蟋蟀
火镰虫	萤火虫
蚂各得	蚂蟥
花大姐	七星瓢虫
蜜虫子	蚜虫
叫叫乖子	蝈蝈
堂屋	北屋，正房
屋当门	屋里的地面
门栏坎	屋门上头的横木或条石
门欠子	门槛
门崖子	台阶

续表 17-1

方　言	普通话
窗户棂子	老式窗户
锅屋	厨房
灶毒	烟囱
风仙	风箱
盖绨	被子，指棉被
电棒子	手电筒
胰子	肥皂
洋火	火柴
洋灰	水泥
洋车子	自行车
铺衬	破旧的碎布
鳖盖子	用秫秸莛（高粱穗子以下的一节称为“莛子”）制作的圆形或长方形的厨房用品，形似鳖盖，故名。有的也叫弯弓子
盖莛子	用秫秸莛穿制的圆形器物，用作器物盖或作他用
筛壶	烧开水的铁壶或铝壶
暖壶	暖水瓶
八仙桌子	大方桌
站橱	大衣橱
板凳	长形的小凳子
马杌子	方形板凳

续表 17-1

方　言	普通话
马扎子	折叠凳
筦子	圆形的条编用具
篮子	提篮，条编或竹编的器具
幺筐	当地指一号大筐，条编
粪箕子	前叉双系背后归一，用以盛柴草或拾粪用
筐头子	三系条编，用以挑粪或挑土
饭食	食品的总称
清起饭	早饭
下晚儿饭	晚饭
干饭	米饭，较稠的饭
包子	水饺
大包子	有馅的蒸包
糊豆	稀饭
馍馍	馒头
卷子	中间放进油盐等调料的称花卷，一般也称用锅贴烙的长方形面食
加宁（jiā nīng）	煎饼，用鏊子摊烙的食品
盐味儿	当地生菜、炒熟的菜的通称，食盐的味道咸或淡
茶	白开水，茶叶
叶子茶	放进茶叶泡出的开水
汤	面汤或菜汤

续表 17-1

方　言	普通话
温乎水儿	微热的水
忌讳	醋，禁忌或讳避
果子油	花生油
大油	猪油
渣豆腐	把豆面和青菜放在一起做成的小菜
豆拆（音为 chāi）子	碾碎了的豆子或玉米
豆钱子	辗轧扁的豆子，又称豆扁子
下水	猪羊牲畜的五脏，杂物
齁咸	很咸
没盐味儿	淡
衣裳	衣服
夹袄	有里子的上衣
大氅	棉大衣
挎包子	衣兜
裤茬子	短裤
束腰带子	腰带
坎肩子	无袖上衣
汉褟子	背心，汗衫
手捏子	手帕
手布子	手巾
兜兜	儿童胸前戴的小褂

续表 17-1

方　言	普通话
围嘴	婴幼儿戴在脖子上的围布
围脖	围巾
褯子	尿布
席荚子	席帽
豆枕	枕头
油鞋	水鞋
喜事儿	婚嫁，生孩子
相亲	男女青年经人介绍后初次见面对相
抬亲	男子结婚
填箱	女子出嫁时，亲朋等赠送礼品
送饭	结婚前亲朋向男方送喜礼
出门子	出嫁
有喜了	已怀孕
小月子	小产
趄倒了	指妇女生孩子
白事儿	丧事
老了	称长辈去世或年纪大了
没了（殇了）	年幼死亡
浇天	酹酒祭天
人情	人死后亲朋好友表示哀悼的一种活动，专指白事；情意或者表示感谢

续表 17-1

方 言	普通话
来往儿	交往
啦呱	讲故事，说话，闲聊
闹乱子	闹纠纷，争吵
献浅子	向别人献殷勤或说好话
下坡	下地干活，也有的说上坡
耪地	锄地
打场	用碌碡在场中轧，使谷物脱粒
扬场	用木锨扬净谷物糠秕
筢子	搂柴草用的竹制用具
镢镰子	镢面呈三角形的一种小板镢，有的也叫镰镢子
耪锄子	小型的锄头
地排车	两个轮子的排车
车脚子	车轮
碱水	人尿
大粪	人类粪便
主户儿	主顾
写扉子	开发票
集	集市
赶集	到集市上买卖物品
称盐	买盐
打油	买油，榨油

续表 17-1

方　言	普通话
截布	买布
做买卖	做生意
捣么	背地里说别人坏话
丧么	当面训斥别人
刺么	讽刺挖苦
唏糖	胡闹，说玩话
侃空	说假话
挑小钱儿	吹毛求疵，挑别人的毛病
学舌	告别人的黑状
拨拉	扒拉，拨弄
卑（音为 béi）	用东西向外挑，拨弄
攮	刺，扎
掯（音为 kèn）	使物体上不来、下不去，夹在中间
㧟（音为 kuāi）	搔，轻轻地抓
揞（音为 ān）	用手把药面儿敷在伤口上
提娄	提着，挂着
搁下	放下
不搭腔	因有矛盾而见面不说话
闲	没事干，批评
吱歪	大声吵嚷或喊叫
施维施维	修理

续表 17-1

方言	普通话
亨（音为 hēng）骨娄	摔跤
横（音为 hèng）了	扔掉、丢掉
拍（音为 pāi）	蹬
排（音为 (pǎi)	坐
段 (音为 duàn)	追赶
尔	理睬
忙活	忙碌
碰上	遇见
抹（音为 mā）了	错过
揔	用巴掌打人
揍	用拳头打人
擘	打
敪	折断或使工具弯曲
敛	铲除
熥	细火烘干
煴	燃烧不充分
烀	半蒸半煮，把食物弄熟
盎（音为 āng）	烧
噘	骂人
谝	炫耀，显示自己
蛊踊	活动或蠕动

续表 17-1

方 言	普通话
支使	派遣，使唤
怵头	害怕，害羞
使作	因生气而不由自主发脾气
烧包	得意，逞能
迷量	比画
捻悠	拇指与食指相互挤压
搓悠	双手掌揉搓
屑了	坏了
材坏	瑕疵，缺点，毛病
饲孬	食品变质而霉变
乍了	很多
俊	美，好看
奸	刁滑，浮操，不深入
浪	当地专指作风不正派的女人
胖	指人
肥	指动物
窝囊	肮脏，不顺心
腌臜	心中郁闷
穷	家底薄
囊（音为nàng）	很富裕
大样儿	大方正派

续表 17-1

方　言	普通话
木张	过于自信，撒娇
小性儿	肚量小，耍小脾气
缺火	指道德缺失或行为不检点
皮脸	脸皮子厚，顽皮
出挑	身材好
叩（音为 kóu）	脾气不好，不讲道理
迷么头	蛮横不讲道理
丝粘	不干脆
挖挖悄悄	心中不乐而难言状
心心娘娘	心神不定或一心向往，拿不定主意
窝了伐脚	不声张，不张扬，匆匆忙忙的
呲毛撅腚	办事不稳妥，轻浮
急钮别都	办事不顺或从中挑事
锅门口的光棍	办事拿不上大人场，只能在家里转悠
急慌拉忙地	急急忙忙的
囫囵圆扁地	好歹地，马马虎虎地
脆不生的	清脆
绿不生的	微绿
红赤鲜的	颜色鲜红
须绿	颜色很绿
黢黑	极黑

续表 17-1

方　言	普通话
不二呼	不怕
不撑天儿	不干，拿不起来
不使闲	忙个不停
不碍的	不妨碍或不要紧
不管	不会，不能胜任，不问，不管教
不管乎	不起作用
不耳他	不理睬他
不是物儿	不正派，詈语
差不离儿	差不多
俺	我，我们，不含他们
咱	我们，含我你他
他们	不含我及我们
我们	含我在内
人家	指他们，有时也含我在内
旁人儿	别人，他们
各人	自己
爷们儿	父与子，非同辈之间敬称
这亥儿	这边，这里
这当里	这儿或这个地方
多咱	什么时候
每儿咱	过去

续表 17-1

方　言	普通话
么儿	什么
根	条
捧	双手捧起
把	单手抓起
趟	行，次
溜	排
溜子	块
派儿	一会
伐儿	一齐
行	层
头涝（音为lào）儿	磨出的第一遍面粉
头类(音为lèi)儿	中药熬出的第一次
十来个	十多个
百十个	百多个
千把个	千多个
万把个	万多个
精点儿	很少
精点儿点儿	很少很少
一点儿	少量的
一点子	很多
麻	快

续表 17-1

方 言	普通话
喷	正在
响	很，太
怪	很
稀	很
忒	太
乔	很
一直	一向，一个劲地
得为	特意、故意
精	很、非常，表示短小，近、浅等的程度
当门住	避不住
求期儿	稍微
亏来	幸亏
高低	坚决，执意
安根儿	原先，原来
早晚儿	反正，迟早
一末	全部
净	光，单
叫	被
打	自，从
逮	在
捋着	顺着，沿着

续表 17-1

方 言	普通话
照	依
赶	到
跟	和，对
漫	从
可	朝，往
问	向

二、声韵调

1. 声母 （符号以汉语拼音为主，个别注国际音标〔 〕）

油篓方言有一组唇齿音声母〔pf〕、〔pf‘〕、f、〔v〕。普通话舌尖后音声母zh、ch、sh、r与合口呼韵母相拼时，油篓话读成唇齿音声母〔pf〕、〔pf‘〕、f、〔v〕。其合口呼韵母中除韵母u外，全部变成了开口呼韵母。油篓话声母f的字，一部分读普通话f声母，一部分读普通话的sh声母。油篓话声母l能和u相拼，不和 ü 相拼，m、n、l不和韵母in相拼。由于普通话的不断推广，年龄在40岁以下，文化程度较高的人，对于此组唇齿声母的发音与县北部发音差异较大。年轻人中，这组唇齿音的发音已逐渐向普通话靠近。

油篓话共有声母26个，零声母在内。油篓话声母比普通话多4个，即：〔pf、pf‘、V、η〕。

声母如下：

〔pf〕、〔pf‘〕、f、〔 v 〕; b、p、m; d、t、n、l; j、q、〔η〕、x; g、k、h; z、c、s; zh、ch、sh、r、ø

n声母和齐齿呼、撮口呼韵母相拼时，变成了舌面前辅音〔η〕。

〔pf、pf‘〕为唇齿清塞擦音，发音时上齿抵下唇，堵住气流，然后气流由唇齿间冲出，摩擦较大，前者不送气，后者送气。

zh、ch、sh、r一组声母的发音部位比普通话趋前。与合口呼韵母相拼时，除韵母u外，其他韵母均变成了开口呼韵母，声母同时变读为〔pf〕、〔pf‘〕、f、〔v〕，如“主处书如”等字。

2. 韵母

韵母比普通话多出一个韵母iai，没有o、ueng、er3个韵母。油篓话读韵母ei的中古入声字，油篓方言也出现了与普通话相同的对应关系，如普通话分别读作韵母i、o、e、ai、ei，形成一对五的对应关系。由于受古入声韵的影响，有些韵母保留了中原官话的突出特点，如中古德、陌、麦韵在油篓方言中大多数读作ei韵，如德韵的“北墨得勒则贼”、陌韵的“百伯迫拍白拆择格额”、麦韵的“麦脉责隔策”等。

油篓话有韵母38个（零声母在内），不包括儿化韵母。比普通话韵母多出了 1 个韵母 iai，没有韵母 o、ueng 、er。如下：

a、e、i、u、ü、ia、ua、ie、ue、üe、ai、iai、uai、ei、uei、ao、iao ou、iou、an、ian、uan、üan、en、in、uen、üen、ang、iang、uang、eng、ing、ong、iong，

z、c、s 组韵母〔ɿ〕和 zh、ch、sh 组韵母〔ʅ〕。

韵母中，复韵母发音动程较小，舌位和口形的变化不显著。

a 韵母在实际发音中多被央元音〔ə〕代替，如"谁啊？"读作 shei、e，"来吧"读作 lai、be 等。

舌面后半高圆唇元音 o〕，油篓话读作央元音〔ə〕，故无 o 韵母；复韵母 uo 中的 o 也是〔ə〕。e 跟 g、k、h、l 相拼时，舌位略高。凡〔ə〕韵母，均记作 e。

油篓话前鼻音韵母发音时，主要元音带有轻微的鼻音，其中有的字白读时变成儿化韵。如当官的"官"读作 guair。

中古见影疑等母蟹摄开口二等字"街鞋挨界"等字，油篓话读作齐齿呼 iai。

臻摄合口三等日母的"润、闰"二字，油篓话读作撮口 ün。

油篓话读韵母 ei 的中古入声字，普通话分别读作韵母 i、o、e、ai、ei，如笔魄德摘贼等。

韵母 üe 和声母 l 相拼，油篓话读作 ue。如掠、略。韵母 üe 分别和 j、q、x 相拼时，油篓话有的读 uo，有的读 üe，如：绝、雀、决、缺、血。

油篓话韵母 en 的字，普通话分别读作韵母 in、ei、ai、o、en。韵母 in 和 m、n、L 声母相拼，油篓话读作 en，故没有 min、nin、lin 这三种音节。韵母 in 和其他声母相拼时，油篓话与普通话相同，如宾、拼、亲等。韵母 ei 和声母 m 相拼的字，油篓话也合并到 men 音节中去了，所以不存在 mei 音节。至于 mai、mo 音节中的部分字，因都是古入声字，其读音也发生了变化。例如民、林、美、麦、墨、门等。

3. 声调

油篓话阴平字多，去声字少，中古次浊入声字今大多数读作阴平，其调值

与普通话差别较大。

油篓话有 4 个单字调。

其调值为：阴平 2 1 3、阳平 5 3、上声 3 4、去声 3 1 2。

油篓话的阴平调和去声调都是曲折调，阴平的发音起点低于普通话去声而尾音又高于去声。阳平为高降调，上声为中升调。总之，油篓话声调音高比普通话偏低。

油篓话没有入声字，中古次浊入声字及清声母入声字，今大多读作阴平调，与普通话差别较大，其演变规律大致如下：

(1) 古清声母入声字，而普通话则分别读作阴、阳、上、去四声。

(2) 中古次浊入声字，在普通话中读去声的字，油篓话中大部分读作阴平。只少数字分别读阳平、上声、去声，如“骆役疫逸”“掠诺”“跃目牧育玉”等。

两字组连读变调，一般是前字变调，后字不变：

(1) 阴平相连，前字调值变为 2 4 调，在阳、上、去及轻声前时，则变为 2 1 调。

（2）阳平和上声两个单字调分别和四声相连时，基本不变调。

（3）阳平在轻声前时，其调值由 5 3 调变为 5 5 调。

（4）去声分别和四声相连，前字变为 3 1 调，与轻声相连为 3 2 调。

4. 声韵配合关系

油篓话声韵配合关系中，声母部分共分 8 组。声韵配合后，开、齐、合、撮四呼俱全的韵母只有零声母一组字。油篓话开口呼字最多，共有 7 组，其次是合口呼、齐齿呼，最少的撮口呼只有两组字。普通话 zh 组及 z 组的合口呼字，因声母变化，油篓话大部分归并到 pf 组和 j 组，只有开口呼字。声母 n 只拼开口、合口韵母，与齐、撮两呼相拼时为声母 ŋ。声母 n 能和合口 u 相拼。但在具体的声韵配合中，油篓方言和普通话还有一些差异。

三、儿化韵

油篓方言中，几乎所有的韵母都能儿化，但儿化卷舌动作比普通话更靠后些。油篓话共有儿化韵母 31 个，其音变规律如下：

1. 音节末尾是 a、e、u 的，主要元音不变，后加卷舌动作，如：

a	号码儿、打杂儿、话巴儿
ia	豆芽儿、票夹儿、过家家儿（儿童游戏）
ua	茶花儿、画画儿（作画）、拉呱儿
e	小车儿、纸盒儿、薄膜儿
ie	树叶儿、蝴蝶儿、歇歇儿（休息）
uo	干活儿、鸡窝儿、糖果儿
üe	豆角儿、年月儿、拔橛儿
ao	棉袄儿、趁早儿、钱包儿
iao	声调儿、挑挑儿（挑担）、半山腰儿
ou	小楼儿、玩猴儿、地豆儿
iou	加油儿、袄袖儿、抓阄儿、吹牛儿
u	牛犊儿、地图儿、面醭儿

2．韵尾是 i、n 的，韵尾失落，主要元音鼻化加卷舌动作，有的主要元音有变化，有的变成了介音。如：

ai、an	打牌儿、摆摊儿、蒜瓣儿、瓜干儿（指地瓜干）
iai、ian	绣花鞋儿、门崖儿、被面儿、心眼儿
uai、uan	一块儿、拐弯儿、打短儿（干短工）
üai、üan	试卷儿、圆圈儿、大院儿
ei、en	小花猪儿、摸黑儿、铜盆儿、树根儿
yei、in	脚印儿、胡琴儿、使劲儿
uei、un	一会儿、木墩儿、花纹儿
üei、ün	粪堆儿、合群儿、连衣裙儿

3．韵尾是 g 的，丢失韵尾，主要元音鼻化后加卷舌动作，有的主要元音变成了介音。如：

ang	鞋帮儿、香肠儿、红穰儿
iang	木样儿(小孩娇惯的样子)、驴啃痒儿、娘儿们
uang	鞋筐儿、铁丝网儿、麦芒儿
eng	瓜棚儿、方凳儿、毛虫儿、脖儿梗儿(脖头)
ing	元钉儿、找零儿、打鸣儿、明儿里(明天)
ueng	山洞儿、瓮儿、公儿雄性、挂红儿果树开始结果
yong	哭穷儿、小葱儿

4. 韵母是 i、ü 的，在主要元音后增加 ə，并加卷舌动作。如：

i	小鸡儿、粉皮儿、凉席儿
ü	兴趣儿、侄女儿、一句儿

5. 韵母是〔ɿ〕、〔ʅ〕的，原韵母儿化后主要元音变成 ə，后加卷舌动作。

〔ɿ〕	写字儿、挑刺儿、铁丝儿
〔ʅ〕	事儿、树枝儿、一册儿书、年三十儿

油篓方言儿化多用于名词、形容词、量词，副词有时也可以儿化，如一根儿。动词一般不儿化。儿化后和普通话一样，都能区别词性、词义，具有表示细小、轻微的作用，有的含有感情色彩。例如“光棍”，多指善于交际的妇女，含有贬义。“光棍儿”则指单身男子。“尖”是形容词，“尖儿”则为名词。“个”是量词，儿化后则是名词，如“他个儿不高”。“小雨儿”“小刀儿”“小鸡儿”等表示细小。“五星儿”“宝贝儿”等表示喜爱。

油篓方言还有些比较特殊的儿化现象。如：声母 pf、f 的合口呼字儿化，因发音部位不同，卷舌韵母的音色变化也不一样。如“猪”“鼠”儿化时，平邑人念“猪”为 pfər，“鼠”为 fər。

四、语法

油篓话的语法和普通话差不多。常用的程度副词有“晌”“乔”“精”等字，如“晌好了”“晌多了”“乔冷”“乔难受”“精点儿”等。

油篓话带后缀“子”的名词比普通话多，很多普通话不带后缀“子”的名词，当地人说话时必带上后缀“子”。如称麻雀为“家雀子”，称狼为“毛猴子”，称蚜虫为“蜜虫子”，称腮为“腮帮子”，称肩为“肩膀子”，等等。

可能补语的肯定式和普通话不同。普通话可能补语肯定式为补语和动词之间加“得”，如“看得见”。油篓村习惯说法则是“动词＋补语＋了”。如：“看见了”“上去了”“吃饱了”“坐下了”等。

五、方言故事

油篓方言中有些语言只当地人能理解其中的意思。比如“盐味儿”“吱喱”“加钢”等。人民公社时期，有一工作队驻点到油篓村，被派到李大娘家里吃派饭，房东李大娘对工作队的同志十分热情，千方百计地让他们吃好。一天晚上她弄了几个小菜招待工作队的同志，十分客气地说：“我家里也没有盐味儿（此处指没有好菜招待），恁就将就着吃一顿吧。”工作队的同志接着说：“大娘，恁别客气，这就够盐味（此处指菜的味道很重，已达到齁咸的程度）了”。为此，险些闹出了笑话。

第二节　谚　语

一、农事耕作谚语

深耕细耙，旱涝不怕。

种地不用问，全靠功夫粪。

人养地，地养人。

人哄地一时，地哄人一年。

人瘦面皮儿黄，地瘦不打粮。

麦子不怕草，就怕坷垃咬。

有钱买种，无钱买苗。

玩龙玩虎，不如玩土。

生土拌熟土，力气大如虎。

土压沙，沙压土，一亩赶二亩。

儿要亲生，地要深耕。

深耕长谷，浅耕长壳。

耕地加一寸，顶上一遍粪。

春耙多一遍，秋天多一石。

春耕坷垃秋耕泥，多打粮食不用提。

春天如翻饼，秋天如淘井。

春耕浅，秋耕深，遍地是黄金。

深耕浅耩，苗子旺。

秋天早耕地，来年长好麦。

土地耕的深，薄地出黄金。

早耕不用问，杂草顶茬粪。

早耕再加深，土地变黄金。

翻地如翻金，深耕如土粪。

七月金，八月银，早耕强似多上粪。

正月耕金，二月耕银，三月耕泥土。

冬耕深一寸，春天省堆粪。

耕三耙四锄八遍，打下谷子不用碾。

耕好耙好，光长庄稼不长草。

要想收成好，深耕上粪勤锄草。

秋地都耕过，明年吃馍馍。

人养地，地养人，人靠地活，地靠人养。

人混地一季，地混人一年。

粪大水勤，不用人问。

猪肥苗壮，猪瘦苗枯。

种地不用问，全靠功夫粪。

人靠饭养，庄稼靠粪长。

多上一层粪，多收一成粮。

多收少收在于粪，多种少种在于人。

长嘴的要吃，长根的要肥。

田肥长谷，猪肥长肉。

秋季比谷堆，冬季比肥堆。

人瘦面皮黄，地瘦不打粮。

粪肥土，土肥苗，不养猪鸡鸭，肥料没处找。

勤起勤垫，一天一圈。

扫帚响，粪堆长，粪堆响，庄稼旺。

要得地里有，粪箕子不离手。

家里的土，地里的虎，有钱难买烟熏土。

五黄六月莫贪睡，三把黄土当把粪。

肥料到处有，就怕懒汉不动手。

冬草肥田，春草肥禾。

施肥一大片，不如一条线。

积土如积肥，积肥如积粮，春耕肥足粮满仓。

渣粪、地灰、铺草根，大雪严寒抗三分。

十冬腊月一道粪，一防冻害二防病。

夏天浇下一地肥，明年多打一囤粮。

种地不用夸，全靠粪当家。

勤背粪箕少赶集，阴天下雨编苇席。

要使庄稼长得强，一年粪水一年粮。

冬串园，夏串坡，春秋两季路上多。

羊粪高粱，猪粪谷，灰粪最喜上芋头。

种麦施足粪，麦子打满囤。

要想吃白面，就得拿粪换。

粪是庄稼宝，缺它长不好。

养猪积肥强，肥田多打粮。
粪倒三遍，不沤自烂。
一月小寒接大寒，施肥完了心里安。
沤绿肥三大好，又攒粪又除草，省得运粪来回跑。
粪是庄稼粮，缺它不能长。
喂猪图攒粪，庄稼大得劲。
离了脏，吃不着香。
有空多拾粪，无事少赶集。
种地不浇水，庄稼就捣鬼。
积水如积谷，修塘如修仓。
冬春雨水贵似油，不让一滴往外流。
小沟通大沟，人家不收我又收。
水库有了水，浇地有了本。
旱收芝麻，涝收稻，不旱不涝铁杆糙（高粱）。
菸怕淹，瓜怕刮，豆子就怕大水抹。
好葫芦开好瓢，好种出好苗。
有钱买种，无钱买苗。
土里生，土里长，田间选种最相当。
好孩儿有好娘，好种子多打粮。
种子胖，苗儿壮。
穗选高粱谷，片选麦和豆。
家选不如场选，场选不如地选。
种地选好种，一垅顶两垅。
一要质，二要量，田间选种不上当。
种子选的好，产量一定高。
一粒好种，千粒好粮。
种子年年选，产量年年高。
留好种子田，年年保丰产。

家有十样种，不怕老天哄。
换良种，多吃饼。
龙生龙，凤生凤，好种才有好收成。
好爹好妈有好孩，好帮好底做好鞋。
母壮儿胖，种胖苗旺。
小孩随爹娘，五谷随种粮。
铃铛皮，撑破囤，出米多，熟得早，谷子还是这种好。
上八斗，下八斗，小麦豌豆样样有。
六七八寸掩，三四五棵苗。
稠倒蜀秫稀倒谷。
要吃谷，鞋底幅。
花生三四粒，棉花大把抓。
谷两合，麦十碗，地瓜每亩三千三。
稀豆稠麦，十年九得。
间苗如上粪，定苗如绣花。
稀苗密，密苗稀，不稀不密留大的；稠留稀，稀留稠，疙瘩苗子留两头。
留的稀凌凌，不留一撮缨。
豆子爱了苗，来年抱了瓢。
歇茬如歇马。
茬口安排好，产量年年高。
茬口不换，丰年变歉。
麦子要上石，要把茬口换。
三分种七分管，人勤地不懒。
三分种七分管，十分收成才保险。
一分管一成收，少管一分几成丢。
人不哄地，地不哄人；人哄地皮，地皮哄人。
人哄地一时，地哄人一季。
庄稼收的差，功夫不到家。

秋天锄破皮，强似来年耕一犁。

麦无二旺。

五月里豆，半边露。

麦耩黄泉谷露糠，豆子（芝麻）撒在地皮上。

耩地没二样，不用再问人。

瓜锄八遍瓜上走，谷锄八遍饿死狗，棉锄八遍白如雪，豆锄八遍圆溜溜，高粱锄八边，小麦也不换。

锄头有水，锄头有火。

人怕生病地怕荒，过去的小孩怕晚娘。

头遍浅，二遍深，三遍下狠心，四遍五遍莫伤根。

想吃晚谷饭，还得紧三遍。

干锄壮，湿锄旺。

头遍高粱，二遍谷，三遍豆子吃豆腐。

头遍扒，二遍埋，三遍高粱横过来。

想吃高粱饭，扒出根来看。

前边蹬，后边挖，一边一耳刮，双棵小狗来剔牙。

谷子就怕倒，高粱就怕护根草。

棉花锄十遍，转身一提篮。

干锄棉花，湿锄瓜，不干不湿锄芝麻。

想吃芝麻盐，还得留个沙帽坛。

锄头不锄草，放账不用讨。

挖根的蜀秫，培根的谷。

春抓秋抹夏打层。

头麦不扎（间苗）谷，过麦守着哭。

泥窝里揣豆。

麦耩燕黄土。

种麦如下葬（深）。

墩苗壮，收成多，癞巴苗子白忙活。

要想庄稼长得好，就得地里没有草。
春锄三遍面称斗。
锄高粱如掏井，锄麦子如打皮。
地锄宜时顶遍粪。
棉锄八遍丝头长，谷锄八遍没了糠。
玉米扬了花，不能动锄啦。
芋头芋头不喜多锄。
高粱泛红，脱衣晒米。
伏天划破皮，强似秋天犁一犁。
土质湿又松，抗旱又防风。
谷锄寸，顶上粪。
谷收锄上，麦收犁上。
豆子锄三遍，豆角长成串。
种地不养猪，必定有一输。
春天养下猪一头，来年吃肉不用愁。
牛是农家宝，种地不可少。
寸草铡三刀，无料也上膘。
人不劳动不富，牛无夜草不肥。
不怕用上一百天，只怕狠使又加鞭。
宁拉十步远，不拉一步喘（犁地）。
宁缺一把草，不缺一口水。
猪是聚宝盆，浑身是金银。
养猪真合算，肉粪两头赚。
一亩一头猪，低产变高产。
猪吃百样草，看你找不找。
母猪好，好一窝；公猪好，好一坡。
粮是土中金，丢掉一粒也痛心。
豆打长秧谷打圈。

谷三千麦六十，统收的豌豆八个粒。

谷子老了出米，高粱老了出面。

一粒粮食一滴汗，粒粒粮食汗珠换。

不费七十二道手，粮食不易吃到口。

精收细收，颗粒不丢；精收细打，颗粒还家。

三春不如一秋忙，精收细收多打粮。

丰产靠丰收，丰收靠细收。

一颗少丢一粒，一亩多收一斤。

七八月的草，十冬腊月没处找。

前朝阳，后背风，窖子挖在村当中。

早防热，冬防冻，过了春节防春风。

无霜热，有霜寒，霜露成环，把窖封严。

二、勤俭持家谚语

一顿省一口，一年省几斗，三年薄粥买大牛。

勤是摇钱树，俭是聚宝盆。

手里有粮，心里不慌。

冷水要人挑，热水要人烧，世上万般宝，都是人创造。

不怕歉年，就怕靠天。

勤人荒年打粮食，懒汉丰年饿肚皮。

不能靠天吃饭，全靠两手动弹。

多去地头，少去街头。

闲时做下忙时用，渴了挖井不现成。

金钱是死宝，劳动是活宝，死宝不如活宝好。

冬天不冻下力人，热天不热流汗人。

生产好比摇钱树，节约就是聚宝盆。

吃饭要饱，做活要了。

五黄六月站一站，十冬腊月少顿饭。

大秋头上坐一坐，明年春天挨饥饿。

钱是一个个上万的，粮是一粒粒上囤的。

大吃二喝顾眼前，省吃俭用度荒年。

有钱常思无钱日，无病莫忘有病时。

丰年莫忘歉年苦，饱时勿忘饥时难。

平日吃点糠，歉年心不慌。

生产节约结合好，屯的粮食吃不了。

生产订计划，多种花生和棉花。

冬好过，春难熬，打算好了难不着。

男人女人一个样，能干活人家看得上。

女人能干活，荒年饿不着。

不靠男人吃饭，要靠自己动弹。

别看女人力气小，勤下坡就吃不了。

冻的闲人，饿的懒人。

少赶集勤下田，腰里别带零碎钱。

丰年要当荒年过，防备荒年不挨饿。

春天动动手，秋天收几斗，秋天家里坐，冬天忍饥饿。

春天刨一片，秋后收一石。

人勤地不懒，大囤小囤满。

田地是聚宝盆，看你手脚勤不勤。

惜衣有衣穿，惜饭有饭吃。

丰收莫忘歉收年，坐吃山空海也干。

勤生金，俭生银，勤俭赛过聚宝盆。

庄稼老头不失闲，白天下地晚忙园。

秋天地里下下腰，强似春天走一遭。

起早睡晚顶半天。

三秋不顶一麦忙，男女老少齐上场。

三春不如一秋忙，打到囤里才是粮。

秋收懒一懒，打到囤里也减产。

晴天防阴天，丰年防荒年。

勤劳是个宝，一生离不了。

一分耕耘，一分收获。

细水长流，吃穿不愁。

鸟美在羽毛，人美在勤劳。

一勤生百巧，一懒生百病。

勤人睡成懒人，懒人睡成病人。

不怕家里穷，只怕出懒虫。

天上掉不下馅饼来。

三、时令气象谚语

春打五九尾，使牛的冻噘了嘴；春打六九头，扛着犁子牵着牛。

桃花落，枣芽出，棉花下种正相宜。

晚霜前，种好棉，晚霜后，出苗全。

三星响，把麦耩。

白露早，寒露迟，秋分种麦正当时。

三星不落地不冻，大麦小麦尽管种。

当年不倒股（分蘖），不如土里捂。

清明高粱，谷雨谷，端午的大豆吃豆腐。

清明前风出，清明后雨出。

种谷三月中，早了出哑巴，晚了穗头松。

小暑栽了结大薯，大暑栽了小薯无（种麦茬地瓜）。

花生断霜快下种。

春分谷子秋分麦。

早花生，晚地瓜，十年就有九年瞎。

九尽种蜀秫（高粱）。

清明前后，种瓜点豆。

麦不让场，豆不让晌。

二月清明莫提前，三月清明莫抛后。

立秋十八天，寸草籽粒满。

麦怕三月旱，棉怕八月连阴天。

麦喜三月三场雨，还得二月下。

麦吃八十三（八月、十月、三月）场雨。

麦怕胎里旱，人怕老年穷。

豆子开花，捞鱼摸虾。

立秋三天见秫秸攒。

春雨贵似油，吃粮不用愁。

七成熟，八成收，十成熟，一成丢。

蚕老一时，麦熟一晌。

麦到芒种，谷到秋，豆子天社用镰沟。

霜降过了刨芋头。

蛤蟆打哇哇，四十五天吃馉馇（面食）。

霜降拔葱，不拔则空。

立冬不收菜，必定受冻害。

春种要早，夏锄要好。

麦子去了头，高粱没了牛。

九九加一九，犁牛满地走。

交九再交九，麦子入了口。

春分高粱，秋分麦。

头清明十天不算早，过清明十天有点晚（种花生）。

三月三，种的南瓜往家担。

谷雨前后，点瓜种豆。

麦子清明拢三节，猪羊牛驴圈里歇。

一穗两穗一月进囤。

大麦上场，小麦黄。

焦麦炸豆，吃饭不顾。

六月六春谷绣。

小暑晚豆子，小暑晚芋头。

冰冰响，萝卜长。

地瓜没有老，种早不怕早。

头伏萝卜，二伏菜。

该热不热五谷不结，该冷不冷人受实病。

麦收寒天。

七月八月地如筛，九月十月水上来。

门槛子外吃面，门槛子里吃米。（指日光照门里、门外）

早种七成收，季节不养人。

耕种不及时，麦子难出齐。

白露谷，寒露豆，花生收在秋分后。

枣发芽，种棉花。

春盖厚，秋盖露。

冰冰响，白菜长。

黄瓜上了架，茄子打滴溜。

三九开了河，来年吃馍馍。

立了秋，哪里下雨哪里收。

七月初一下一阵，棉花地里打一棍。

正月麻籽二月茼 ，三月麻籽不收种。

严霜出毒日，十雾九晴天。

早雾晴，晚雾阴。

云向南水连绵，云向北一阵黑，云向东刮陈风，云向西放牛小子披蓑衣。

雷暴雨三后晌。

蛇过路，缸穿裙，不拿蓑衣就挨淋。

蚂蚁动了片，别再把雨盼。

雪是麦的被，瑞雪兆丰年。

大雪年年有，不在三九在四九。

三伏无雨地河干。

不怕初一阴，就怕初二下。

天高不下雨。

狗晒蛋，好晴天。

夏至东南风，当时就搬兵。

早看东南，晚看西北。

老牛哞哞叫，马上雨来到。

东虹雾露西虹雨。

早晴不放晴，晚晴十八天。

光下雾牦（儿）没有雨，后下雾牦（儿）不晴天。

麦子怕西南，绿豆怕东北。

西北片头大，东北风腰粗。

西北风不过宿。

东北风不过晌，过晌老牛响。

刮下春风有秋雨。

倒照倒照，蹬着门槛往外尿。

云来接，干活的歇。

东风不倒，别嫌雨小。

阳沟里起臭泡，不久就有雨来到。

早晨发泡云，过午晒死人。

六月北风当时雨。

有钱难买五月旱，六月连阴吃饱饭。

天寒宜麦，暖宜蚕。

雪下高山霜打洼。

麦见东南风，五天不生症，高粱见不得西南风。

云彩黑色银金边，雷声连连西北来。

翻毛鸡毛往下垂，不久就有雨来临。

江猪过河，五龙打坝，当时有雨往下。
南山戴帽，干活的睡觉。
秋刮三天东北风，出门莫远行。
东南风刮三天，不是下雨就阴天。
早晨下雨当日晴，晚上下雨到天明。
黑云西北天，雷声不断传，无雨也不远。
屋里不出烟，眼前无晴天。
老牛憋气，雷雨落地。
早晨刮丝云，必定是风天。
腿疼腰酸，不过三天要变天。
烟袋淌油，雨往下流。
南山拖白，蒙山戴帽，踏着屋门拉尿。
东南风，下雨的老祖宗。
早晨烧，晚上浇。
云下山，地不干。
云绞云，雨淋淋。
黑云接驾，不阴就下。
云低要雨，云高转晴。
天色亮一亮，河水涨一丈。
红云变黑云，必有大雨淋。
天上豆荚云，地上晒死人。
日落乌云涨，半夜听雨响。
日落胭脂红，非雨便是风。
日落云里走，雨在半夜后。
天上跑台云，地上雨淋淋。
西北起黑云，雷雨必来临。
云自东北起，必有风和雨。
有雨山戴帽，无雨山没腰。

天上鱼鳞斑，晒谷不用翻。

早晨烧，晚上浇。

日落红云起，明日好天气。

云往东，一阵风；云往西，放牛的小子披蓑衣。

六月西风当时雨。

一场春风换场秋雨。

吃了端午粽，才把棉袄横。

立了秋哪里下雨哪里收。

秋旱如刀刮。

交了八月节，夜寒白价热。

雪下高山霜打洼。

一场春雨一场暖，一场秋雨一场寒。

牛山戴帽，做活的睡觉。

四、人生处事谚语

打铁的要自己把钳，种地的要自己下田。

打柴问樵夫，驶船问艄公。

宁可做过，不可错过。

头回上当，二回心亮。

发回水，积层泥；经一事，长一智。

耳听为虚，眼见为实。

老马识路数，老人通世故。

老人不讲古，后生会失谱。

老牛肉有嚼头，老人言有听头。

老姜辣味大，老人经验多。

百闻不如一见，百见不如一干。

吃一回亏，学一回乖。

当家才知盐米贵，出门才晓路难行。

光说不练假把式，光练不说真把式，连说带练全把式。

多锉出快锯，多做长知识。

树老根多，人老识多。

砍柴上山，捉鸟上树。

砍柴砍小头，问路问老头。

砂锅不捣不漏，木头不凿不通。

草遮不住鹰眼，水遮不住鱼眼。

药农进山见草药，猎人进山见禽兽。

是蛇一身冷，是狼一身腥。

香花不一定好看，会说不一定能干。

一等二靠三落空，一想二干三成功。

一天不练手脚慢，两天不练丢一半，三天不练门外汉，四天不练瞪眼看。

十年练得文秀才，十年练不成田秀才。

人在世上练，刀在石上磨。

人行千里路，胜读十年书。

人心隔肚皮，看人看行为。

力是压大的，胆是吓大的。

三天不念口生，三年不做手生。

口说无凭，事实为证。

湖里游着大鲤鱼，不如桌上小鲫鱼。

口说不如身到，耳闻不如目睹。

山里孩子不怕狼，城里孩子不怕官。

万句言语吃不饱，一捧流水能解渴。

山是一步一步登上来的，船是一橹一橹摇出去的。

千学不如一看，千看不如一练。

久住坡，不嫌陡。

马看牙板，人看言行。

不经冬寒，不知春暖。

不挑担子不知重，不走长路不知远。

不在被中睡，不知被儿宽。

不下水，一辈子不会游泳；不扬帆，一辈子不会撑船。

不当家，不知柴米贵；不生子，不知父母恩。

不摸锅底手不黑，不拿油瓶手不腻。

水落现石头，日久见人心。

有福同享，有难同当。

邻居好，赛金宝。

远亲不如近邻，近邻不抵对门。

老乡见老乡，两眼泪汪汪。

家靠父母，出门靠朋友。

交人交心，浇花浇根。

岁寒知松柏，患难见交情。

遥知马力，日久见人心。

酒逢知己千杯少，话不投机半句多。

有缘千里来相会，无缘对面不相识。

多个朋友多条路，多个冤家多堵墙。

宁喝朋友的白水，不吃敌人的蜂蜜。

人多计谋广，柴多火焰高。

朋友千个少，敌人一个多。

仇人相见，分外眼红。

弱敌不可轻，强敌不可畏。

不怕慢，就怕站。

无事不登三宝殿。

精益求精，艺无止境。

台上三分钟，台下十年功。

三百六十行，行行出状元。

世上无难事，只怕有心人。

玉不琢，不成器；人不学，不知道。

水不流会发臭，人不学会落后。

活到老，学到老，一生一世学不了。

不怕学不成，只怕心不诚。

学如逆水行舟，不进则退。

内行看门道，外行看热闹。

钟不敲不鸣，人不学不灵。

早起多长一智，晚睡多增一闻。

平时不烧香，临时抱佛脚。

书读百遍，其义自见。

拳不离手，曲不离口。

好学深思，心知其义。

学问学问，边学边问。

三人行，必有我师。

好记性不如烂笔头。

书本不常翻，犹如一块砖。

读书破万卷，下笔如有神。

常说嘴里顺，常写手不笨。

人过留名，雁过留声。

老鼠过街，人人喊打。

多行不义必自毙。

三分像人，七分像鬼。

人中吕布，马中赤兔。

真的假不了，假的真不了。

明人不做暗事，真人不说假话。

挂羊头，卖狗肉。

见人说人话，见鬼说鬼话。

猫哭老鼠假慈悲。

当面是个人，转脸是个鬼。

强中自有强中手，能人背后有能人。

痒要自己抓，好要别人夸。

满瓶不动半瓶摇。

好汉不提当年勇。

大人不记小人过，宰相肚里能撑船。

好话一句三冬暖，恶语伤人六月寒。

喊人不蚀本，舌头打个滚。

上梁不正下梁歪。

吃人家的嘴软，拿人家的手短。

五、生活哲理谚语

人心齐，泰山移。

众人一条心，黄土变成金。

人在人前闯，刀在石上荡。

当家才知柴米贵，养儿方知父母恩。

人多乱，龙多旱，媳妇多了，婆婆做饭。

离家十里路，各处各乡风。

办酒容易请客难。

不怕一万，就怕万一。

山中无老虎，猴子称大王。

树挪死，人挪活。

人往高处走，水往低处流。

人在屋檐下，不得不低头。

人无横财不发，马无夜草不肥。

天下无难事，只怕有心人。

人望高处走，水向低处流。

少壮不努力，老大徒伤悲。

路遥知马力，日久见人心。

三个臭皮匠，赛过诸葛亮。

相骂无好言，相打无好拳。

人不可貌相，海水不可斗量。

只要功夫深，铁杵磨成绣花针。

家有良田千顷，不如一技随身。

有理走遍天下，无理寸步难行。

遗子千金，莫如教子一经（书）。

数子十过，不如奖子一长。

一个好汉三个帮，一根篱笆三根桩。

万事开端从岁首，一年之计在春头。

日里不做亏心事，半夜敲门心不惊。

儿孙自有儿孙福，莫为儿孙犯糊涂。

吃饭勿忘种田人，喝水要想掘井人。

烟是虚空酒是痨，饭是根本肉长膘。

画龙画虎难画骨，知人知面不知心。

牵牛要牵牛鼻子，打蛇要打七寸里。

好有好报，恶有恶报，若是未报，时辰未到。

吃一堑，长一智。

人穷只怕志气短。

前人栽树后人乘凉。

八仙过海，各显神通。

人无完人，金无足赤。

不依规矩，不成方圆。

拳不离手，曲不离口。

不见高山，哪知平地。

不经冬寒，不知春暖。

严以责己，宽以待人。

滴水成河，粒米成箩。

算算用用，一世勿穷。

树高千丈，叶落归根。

养儿防老，积谷防荒。

远亲不如近邻好。

认理不认人，不怕不了事。

让人一寸，得理一尺。

有理说实话，没理说蛮话。

有理的想着说，没理的抢着说。

有理不怕势来压，人正不怕影子歪。

有理不在言高，有话说在面前。

有理不可丢，无理不可争。

认理不认人，帮理不帮亲。

水大漫不过船，手大遮不住天。

碾谷要碾出米来，说话要说出理来。

稻多打出米，人多讲出理。

劈柴看纹理，说话凭道理。

一人说话全有理，两人说话见高低。

一正辟三邪，人正辟百邪。

一时强弱在于力，万古胜负在于理。

一理通，百理融。

人怕没理，狗怕夹尾。

人怕理，马怕鞭。

一夜不宿，十夜不足。

一有百有，一穷百穷。

有则改之，无则加勉。

一针不补，十针难缝。

一争两丑，一让两有。

衣不如新，人不如故。

有福同享，有难同当。

有借有还，再借不难。

好酒不怕酿，好人不怕讲。

走不完的路，知不完的理。

走路怕暴雨，说话怕输理。

坛口封得住，人口封不住。

水不平要流，理不平要说。

水退石头在，好人说不坏。

以势服人口，以理服人心。

有多大本钱，做多大生意。

有多大的脚，穿多大的鞋。

有多大的头发挽多大的纂（发髻）。

有饭休嫌淡，有车休嫌慢。

一羽示风向，一草示水流。

煮饭要放米，讲话要讲理。

隔行如隔山，隔行不隔理。

鼓不敲不响，理不辩不明。

有志不在年高，无志空长百岁。

有志漂洋过海，无志寸步难行。

有志者立长志，无志者常立志。

衣服不洗要脏，种田不犁要荒。

艺高人胆大。

有志不在年高。

用人不疑，疑人不用。

由俭入奢易，由奢入俭难。

有菜半年粮，无菜半年荒。

有车就有辙，有树就有影。

有理走遍天下，无理寸步难行。

有粮当思无粮难，莫到无粮思有粮。

有山必有路，有水必有渡。

有上坡必有下坡，有进路必有出路。

有时省一口，缺时当一斗。

有心烧香，不论早晚。

有一兴必有一败，有一利必有一弊。

鱼生火，肉生痰，青菜豆腐保平安。

人横有道理，马横有缰绳。

人多出正理，谷多出好米。

不看人亲不亲，要看理顺不顺。

天上无云不下雨，世间无理事不成。

用珠宝装饰自己，不如用知识充实自己。

天下的弓都是弯的，世上的理都是直的。

有理赢，无理输。

有理摆到事上，好钢使到刃上。

有理走遍天下，无理寸步难行。

有斧砍得树倒，有理说的不倒。

有志不在年高，有理不在会说。

吃饭吃米，说话说理。

吃人的嘴软，论人的理短。

吃要吃有味的，说要说有理的。

舌头是肉长的，事实是铁打的。

灯不亮，要人拨；事不明，要人说。

灯不拨不亮，理不辩不明。

好人争理，坏人争嘴。

好茶不怕细品，好事不怕细论。

理不短，嘴不软。

菜没盐无味，话没理无力。

脚跑不过雨，嘴强不过理。

做事循天理，出言顺人心。

船稳不怕风大，有理通行天下。

路是弯的，理是直的。

路不平，众人踩；事不平，大家管。

路有千条，理只一条。

天无二日，人无二理。

井越掏，水越清；事越摆，理越明。

无理心慌，有理胆壮。

牛无力拖横耙，人无理说横话。

食大伤身，话多伤人。

冻死迎风站，饿死不弯腰。

吃了人家的嘴短，拿了人家的手短。

人犯王法身无主。

有狠心的儿女，无狠心的爷娘。

墙打百板没有不透风的。

心里没病死不了人。

路上说话草里有兔子。

叫唤的猫不逮老鼠。

性急吃不了热豆腐。

肝火肠子心为主。

苍蝇不钻无缝的鸭蛋。

好儿不图坟头土，好女不图嫁妆衣。

井淘三遍吃甜水，人受教调武艺高。

宁走三步远，不走一步喘。

不怕不识货，就怕货比货。

艺多不压身。

人心要实，火心要虚。

吃亏人常在。

有灯变不出火来。

交人交心，浇花浇根。

有山靠山，无山独站。

一个萝卜顶个窝。

不见兔子不撒鹰。

吐口吐沫砸个坑。

不听老人言，吃亏在眼前。

光棍不吃眼前亏。

人外有人，天外有天。

羊毛出在羊身上。

肉烂在锅里。

胳膊拧不过大腿。

害人如害己。

明人不做暗事。

脚正不怕鞋歪，身正不怕影儿斜。

眼不见心不烦，听在心里不耐烦。

偷驴逮住拔橛的。

好心当成驴肝肺。

看人家碗里有豆子。

驴粪蛋子一面光。

吃屎的狗不离秫秸攒。

屎盆子往自己头上端。

睡不着觉愿床歪。

眼色头不济别搅蜢虫子放。

起个早五更，赶个晚集儿。

清官难断家务事。

一个巴掌拍不响。

谁家锅门口里没把烂柴火。

好借好还，再借不难。

你敬我一尺，我敬你一丈。

燕子衔泥垒大窝。

十个指头咬着个个痛。

好儿不如好媳妇，好闺女不如好女婿。

讲吃还是家常饭，讲穿还是粗布衣。

远亲不如近邻。

手指连心。

夜长梦多。

骑着驴找驴。

酱没盐咸，灰没火热。

强扭的瓜不甜。

人往高处走，水往低处流。

千年的小沟熬成河，多年的媳妇熬婆婆。

拔出萝卜带出泥来。

染缸里盗不出白布来。

扳倒树摸老鸹。

话是开心的钥匙。

话有三分三解。

人多嘴杂。

一人难称百人心。

礼多不伤人。

小心没有过火的。

六、养生健体谚语

笑口开，病不来；心烦恼，病来了。

笑一笑，十年少，笑口常开，健康常在。

愁一愁，白了头；天天发愁，添病减寿。

健康是自己的，钱财是儿女的。

好儿好孙子，不如好身子。

贪吃贪睡，添病减岁。

甜语甜食，夺志坏齿。

生活有度，人生添寿，吃饭有度，不胖不瘦。

莫把烦恼放心头，免得白了少年头。

养生熟为先，养心须乐观。

机器不转要生锈，人不锻炼要减寿。

精神不运则愚，血脉不通则病。

治病先治人，治人先治心。

你坐轿车我步走，看谁生命更长久。

每天步行二十里，百病皆无健身体。

多吃水果多吃菜，清理肠胃又补钙。

春捂秋冻，不生百病。

病从口中入，寒从脚下起。

没有治不好的病，只有治不好的人。

攻克顽症靠自身，恢复健康要耐心。

经风雨，见世面，勤活动，多锻炼，精神安，体魄健。

劳其形者长寿，安其乐者短命。

冬炼三九，祛病添寿。

冬季进补，开春找虎（体壮）。

吃药不忌嘴，医生跑断腿。

药疗不食疗，没有好疗效。

脑子要用，手脚要动，肚子要空，心态要静。

爱劳动，不懒惰；爱活动，不闲着。

吐出苦衷心轻松，憋在心里要生病。

食惟半饱无兼味，酒至三分莫过频。

心病还得心药医，解铃还须系铃人。

神安则寿延，神去则形恹。

寡欲清静，心理平衡；稳中自控，静中养生。

街庭常散步，寝食勿多言。

口中言少，心中事少；腹中食少，自然睡少。

大怒不怒，大喜不喜，既可养心，又能健体。

圣者康，贤者健，智者寿，仁者安。

吃饭七成饱，穿戴适当少，耐点饥和寒，益寿又延年。

一顿吃伤，十顿喝汤。

宁可锅中存放，不让肚肠胞胀。

水停百日要生毒，人闲百日要生病。

脑子不用不聪明，身子不炼不康宁。

头要常凉，脚要常热，身要常动，心要常静。

少量之酒，健康之友；多量之酒，罪魁祸首。

大鱼大肉，大烟大酒，体胖血稠，命不长久。

心胸里头能撑船，健康长寿过百年。

心胸里头能拉车，健康长寿一百多。

要活好，心别小，善制怒，寿无数。

病来身上心放宽，战胜疾病须乐观。

千保健，万保健，心理平衡是关键。

千养生，万养生，心理平衡是“真经”。

大气养心，抑郁伤心。

一日三笑，人生难老；一日三恼，不老也老。

心中欢乐，强身健魄；心中烦愁，伤神减寿。

春棉渐渐减，秋衣徐徐添。

会吃百顿香，乱吃一顿伤。

吃饭多喝汤，胜过求药方。

多吃一点蒜，不用去医院。
多吃一点醋，不用开药铺。
多吃一点姜，不用开药方。
五谷为养，五果为助。
要想身体健，早起多锻炼。
运动增功，懒惰增病。
从小爱劳动，到老少生病。
勤劳寿命高，懒惰催人老。
动则不衰，乐者长寿。
早起活活腰，一天精神好。
锻炼是金丹，卫生是妙药。
运动人增劲，闲着病找人。
活动身体强，懒惰面皮黄。
不懒不馋，益寿延年。
早上洗脚，胜吃补药。
晚上洗脚，消除疲劳。
常把被褥晒，除病又免灾。
常洗脚常洗手，畅气血病魔走。
不吸烟不喝酒，活到九十九。
饭后百步走，活到九十九。
遇事不恼，长生不老。
不气不愁，活到白头。
乐陶陶，精神好。
烦躁躁，要病倒。
说说笑笑，通通七窍。
春去不忧伤，心安保健康。

第十八章 逸闻传说

第一节 大仙姑的传说

相传，不知什么时候，油篓附近某山村有一庄户人家，生有一个闺女，长得眉清目秀，到了该出嫁的年龄，有不少说亲人及亲戚朋友纷至沓来，都忙着给她找婆家，但不是男的看不上女的，就是女的相不中男的，一年年地过去，婚嫁不成，姑娘天天郁闷在心。在说亲过程中，总有意想不到的蹊跷事发生，阻断了婚姻之路。

有一天，她鬼使神差地来到河边，要自寻短见，正巧被过路的一位老太救下，领到自己的家里，有吃有喝，精心照顾。只见树木发芽，叶绿，叶黄，叶落，一天天过去，其他景致全无。这天一早，老太太对她说："闺女，你回家吧，家里人正在找你 。"她说："我在这里才待了3天，就让我走吗？真不想回去。"谁知洞里才3天，世上整3年。她已三年没有回家了啊！

回到家后，她和家人说自己的经历，家人才知道她是被仙人收留。于是你一言我一语地问她。她说："临走时，老太对我说：'塌了竖山楼子，砸了两面石，银子淌到下沟里。'其他也没说什么。"自己当时问这是什么意思？老太说："以后你会明白的。"这位姑娘回家后，和他人也没什么交往。经常做些有益众人的事情，受到众人厚爱。谁家小孩有个头疼脑热，一经她的手，病就好了。这样越传越广，十里八乡的人们都找她看病。她一直活到八十多岁终老。她虽说是肉体凡胎，但油篓村人已经把她当作仙姑看待！

改革开放以后，人们纷纷外出打工挣钱，有人在竖山楼子崖根修了一座小庙，为其塑了金身，逢年过节都到那里烧烧香。

第二节　二仙姑的传说

油篓村猴子石东边，东山半腰中有个山洞，与山根洞口相连。上山洞门外有棵松树罩住洞口。传说里面住着一位仙姑，大家称其为“二仙姑”。

传说有一天，有位放羊人路过此洞口，看到一双红绣花鞋放在洞口。这时乌云遮住了天空，放羊人看天要下雨了，不由地喊：“天要下雨了，快把鞋收起来吧。”转眼间，那双绣花鞋就不见了。第二天，放羊人又赶着羊经过洞口时，看到洞口跟前放着两把大红柳烟叶。放羊人突然想到这可能是仙姑显灵，表示感谢之意。

相传在很久以前，村里有对青年父子，爷俩经常闹矛盾，儿子赌气跑到山顶生闷气，心想父亲有事无事都和他过不去，自己活在世上没多大意思，不如死了算了。

在他狠狠心跳下去的一刻，正巧二仙姑从此地经过，看到有人跳崖，赶忙上前将其抱住，轻轻地放在地上。家里人看他跳崖后，都以为他真的死了，便带领家人准备到山根为其收尸。没有想到的是，他竟然一点破皮红伤也没有，就像一人在那里睡了一觉醒来。

家人回家后，摆起香案，高声祷告，表示永不忘“二仙姑”的恩德。

后每逢节日，家人都举行隆重的祷告仪式。特别是每年正月十五上灯时分，一家老少为“二仙姑”上灯，磕头礼拜，一直磕到山根洞前，将灯放在山顶、洞口，供仙姑照明享用，以示虔敬。

这一仪式后逐渐演变成为油篓村人的上灯习俗。20 世纪 80 年代后，人们在山下洞旁修建了二仙姑庙，逢年过节，人们到此祭拜。

第三节　煎饼的传说

传说远古时期，帝喾四个妃子中的元妃姜原将五谷分类碾粉，与鸾鸟、凤凰蛋混合，利用铜鼎架起篝火，用草刷一遍一遍将混合物均匀地刷在鼎壁上，做出了薄薄的饼，献给帝喾享用。帝喾品尝后十分喜欢，遂将此薄饼命名为“禾酥”，并将其定为专用食品，秘而不宣。据说这就是最原始的煎饼雏形（油篓宣传栏）。

很久以前，观音山脚下住着一对勤劳善良的夫妇，过着日出而作，日落而息的生活。丈夫李果勤学苦读，心地善良，深受乡邻的尊敬。周围十里八乡谁家有个红白喜事，都请他去帮忙料理；谁家有个冤屈之事，也请他帮助写诉状，打官司。秀才李果因此得罪了恶霸王九。一天，李果被恶霸王九告至县衙，被关进大牢。恶霸为报复李果，扬言李果的家人七七四十九天不准送饭，只准送笔墨纸张。李果的妻子惠英愁得三天三夜不吃不喝，来到观音山求观世音的护佑，梦里得到观世音指点。观世音说：“惠英，别犯愁。我传授给你个法子，你把小麦磨成糊子，在烧热的石板上摊成饼，不就像纸吗。”“其他两样东西你自己想想办法吧！”回家后，她就开始摊制煎饼。每天提着篮子，带上煎饼，放上大葱，提着豆酱给李果送饭去，牢卒以为煎饼是纸，大葱是笔，豆酱是墨汁，这正和王九惩罚李果的心意，就没多盘问。李果熬过了几年的牢狱生活，竟神采奕奕地走出大狱，一家人过上了团聚美满的生活。

后来善良的惠英为报答观世音的恩德，在山根建庙供奉，并热心地给四邻八舍传授煎饼技艺。这样一传十，十传百，摊煎饼的手艺在八百里沂蒙传开了。继后，鲁南、苏北各地都把煎饼作为主食，煎饼成为人们生活必需食品之一。

第十九章　表彰奖励

表彰奖励，是由政府、群团对特定单位或个人给予的评价，或对奋斗成果的肯定和奖赏。本章重点收录县以上有关单位的表彰奖励。

第一节　集体荣誉

1978 年 2 月，油篓大队被平邑县“农业学大寨工业学大庆”先进单位和积极分子代表大会评为先进单位。

2001 年 7 月，油篓村被中共平邑县委评为五好村党支部。

2001 年 7 月，油篓村被中共平邑县委评为先进基层党组织。

2007 年，油篓村被临沂市委、市政府，平邑县政府评为新农村建设示范村。

2008 年，油篓村被山东电视台确认为信息化示范村。

2008 年 6 月，油篓村被中共平邑县委评为“五个好”村党组织。

2009 年 9 月，油篓村被中共临沂市委、市政府授予“文明生态村”称号。

2009 年，油篓村被中共平邑县委、县政府评为先进集体。

2011 年，油篓村被临沂市委、市政府评为全市生态文明乡村建设先进村居。

2011 年 6 月，油篓村被中共平邑县委评为五个好村党组织。

2012 年，油篓村被中共平邑县委、县政府评为最美丽乡村。

2012 年 2 月，油篓村被中共临沂市委、市政府评为 2011 年度全市先进文明建设先进村居（社区）。

2015 年，油篓村被中共山东省委、省政府授予“宜居村庄”称号。

2015 年 2 月，油篓村被中共临沂市委、市政府评为“沂蒙美丽乡村”。

2016 年，油篓村被中共山东省委、省政府评选为“宜居小镇”。

从 1995 年～2017 年，油篓村多次获得中共郑城镇委授予的“五个好”党组织、先进党支部等荣誉。

第二节　个人荣誉

1975 年，李吉华被评为县级优秀教师。

1978 年 2 月，李洪柱、丁守荣、巩长青被评为先进工作者，出席平邑县“农业学大寨工业学大庆”先进单位和积极分子代表会议，受到县委、县政府的表彰。

1980 年 4 月至 1984 年 3 月，李洪村任油篓村团支部书记期间、获“平邑县优秀团员”“新长征突击手”称号。

1984 年，李吉华被评为临沂市优秀教师。

1987 年 2 月、2001 年 3 月，李洪廷两次获山东省地方史志编委会授予的“全省史志系统先进工作者”称号。

1988 年 1 月，中共平邑县委、平邑县政府授予李洪廷“先进个人”称号。

1991 年 5 月，李洪廷被评为临沂地区史志系统先进工作者。

1991 年 7 月，巩继明被评为优秀共产党员，受到中共平邑县委表彰。

1992 年 7 月，李洪成被中共平邑县委、平邑县政府评为优属对象先进个人。

1995 年，李吉华被评为县级模范班主任。

1996 年 1 月，李洪太被中共平邑县委、平邑县政府授予“先进工作者”称号。

1997 年 5 月，中共平邑县委、平邑县政府给予李洪廷记三等功表彰奖励。

1998 年，李洪成被中共平邑县委授予“优秀共产党员”称号。

2003 年 9 月，李洪成在防“非典”工作中成绩突出，被中共平邑县委、县政府授予“先进个人”称号。

2006 年 6 月，李洪成被中共平邑县委、平邑县政府授予“优秀共产党员”称号。

2007 年 6 月，中共平邑县委授予李洪成“十佳农村党支部书记”荣誉称号。

2007 年，黄友娥荣获“平邑县巾帼致富标兵”和“平邑县好媳妇”等荣誉称号。同年被评为第十二届“临沂市十大杰出青年”。

2008 年 6 月，李洪成被中共临沂市委授予“优秀社区党组织书记”称号。

2009 年，李洪成被中共临沂市委授予“优秀共产党员”称号。

2009 年 1 月，李洪太被平邑县委组织部评为先进工作者。

2010年，平邑县总工会、县广电局、《临沂日报》、山东劳模网组织评比活动，李洪成入选中华人民共和国成立 60 周年以来为新平邑建设做出突出贡献的功勋人物。

2017 年 9 月，李兴民被评为平邑县第六届道德模范，受到县委宣传部、县文明办、县总工会、团县委员、县妇联等部门组成的组委会的表彰。其大幅照片在莲花山公园“四德宣传栏”张贴。

油篓村获得的市、县荣誉奖牌（部分）

2010年李洪成获平邑县功勋人物证书

李洪成获得平邑县“十佳农村党支部书记”证书

李洪成出席平邑县第十五届、第十六届、第十七届人代会代表证

李洪成荣誉证书（部分）

第二十章　人　物

第一节　人物传（略）

李荣怀（1909～1947）　男，汉族，中共党员。1946年9月参加革命，八师二十五团战士，1947年失踪，1958年5月追认为烈士。2014年9月，平邑县民政局代表县人民政府在烈士家乡为其安葬，并立有墓碑。

徐德法（1917～1948）　男，汉族。1944年10月参加革命，任三纵八师二十二团班长，1948年12月在淮海战役中失踪，1958年5月追认为烈士。2014年9月，平邑县民政局代表县人民政府在烈士家乡为其安葬，并立有墓碑。

李贵范（1895～1958）　男，汉族。生于清光绪二十一年（1895年）腊月初七日，1958年9月23日病逝。因排行第五，世人尊称为五先生。少年时跟其表兄北寺和尚攻读诗文，父母双亡后回家务农。及长，成家立业，躬耕田畴，主持家计，家境渐裕。壮岁于村内开设私塾，教书授徒。1940年初夏，中共鲁南区党委机关进驻油篓村，李贵范接受革命宣传，投身抗日救亡运动，支持儿子参加抗日活动、参军入伍等。他曾被派往车庄受训，后在油篓村组织识字班，成立抗日小学，并任教师，配合部队宣传革命，带头破除旧社会遗留的陈规陋习。1945年年初，他被派往南泉子抗日小学任教师，后因生活不便回家。合作化运动中，他带头将自己的土地、梨园、农具等投入合作社，并任村经济保管一职多年。李贵范德高望重，为人敦厚，处世公道，乐善好施，长于文辞，善于应酬，热心助人，诗书传家。他谨守忠孝之门风，为后人所敬仰。

李广佑（1893 ~ 1965）　男，汉族。20 世纪三四十年代，匪兵刘桂堂（外号黑七）常到油篓村打劫，骚扰，民不聊生。有一次，刘黑七的人到油篓村催给养，在村围墙外一次一次地叫嚣，让村民赶快把围门打开，并破口大骂，发狠要拿油篓村人出气。其中有一人躲在墙角里大骂，李广佑对他说："你在哪里，我看不见，不然你伸条腿我看看也行。"那人不慌不忙地把腿伸出来，这时李广佑稍一瞄准，就把他的腿打断了，这伙土匪仓皇逃走。百姓免受骚扰，暂时保住了油篓村一方百姓的安宁。李广佑被村民誉为"神枪手"。

李贵久（1893 ~ 1972）　男，汉族。早年当过北洋海军，为人豪爽侠义，在群众中很有声望。

孟良崮战役前夕，华野六纵 52 团三营八连指导员周启贤在带领后方医院疗养队伤员突围时，带着通讯员和一位班长到达油篓村李贵久家请求掩护，受到李贵久和妻子、儿媳热情地招待。

李贵久办事稳妥，和周启贤他们见面后，不急于表态，说："先让伤员吃饭，吃了饭再说。"周启贤不知李贵久的心意，试探能否隐藏在那间已经坍倒的一间草屋底下，他摇摇头；周启贤又提出是否可以到对面山上大洞里去隐藏，他说："不行"。李贵久经过深思熟虑后，陪伤员们一起上山，将伤员隐蔽在高处的一个山洞内。随行的还有李吉友（李贵久小儿子，十二三岁）、哑巴叔（李贵久四弟）。

李贵久把他们送到山洞后，向他们做了交代，说："这个地方很安全，放下心来休息，天黑后我派小儿子来联系你们。"第二天，国民党的军队进村了，折腾得百姓不得安宁。晚上十点钟，李贵久小儿子李吉友出现在洞口，说明情况后接伤员回家。哑巴叔还是等在半道上监视敌情。李贵久和妻子、儿媳热情接待他们，连夜又把他们送回去，临走又再三嘱咐。

第三天，敌人开始搜山。不知是谁走了风声，敌人一早就来向李贵久妻子要解放军，她矢口否认。后来敌人搜查时发现了米袋和军用被，认定这是伤员留给她的，敌人更是加紧迫害，把哑巴叔打得死去活来，又把李吉友用绳拴住两个大拇指，吊在树上一整天，但他们一个字也没有说。

第三天晚上十点多钟过去了，伤员们感到情况万分危机，周启贤召开党小组会后，携带所有物品，清除了痕迹，离开了山洞，悄悄地回到了李贵久家。

李贵久分析了敌情，说："看来这里已暴露，埋伏不下了，今晚我就送你们走。"他端着一大盆热气腾腾的猪肉说："这猪我不能让狗日的吃，今天我给同志们送行，喝两盅。"李贵久杀猪慰劳伤病员，至于白天发生的事，他自始至终一字未提。临走时，李贵久给伤员们定下了联络信号及注意事项，并告诉军区所在地"风谷村"（即今丰阳、库家村一带）位置。

众人安排妥当后，就开始行动，当夜通过了敌人三道封锁线。李贵久在前面带路，远离30米左右，遇到敌情就蹲下来打火吸烟，伤员们隐蔽起来。

李贵久连夜把伤员安全送到流峪以西，拂晓时在一条沙河边和他们告别。

李兴法（1899～1978） 男，汉族。20世纪三四十年代，当地土匪横行，民不聊生，在抗击刘桂堂匪兵的骚扰中，他坚守土围子，被村民称为"神枪手"。有一次，一伙刘匪大兵前来骚扰，点名叫李兴法出来，并吹着喇叭号在村前洋洋得意地叫骂。李兴法不慌不忙地走到围子炮眼跟前，只说了声："小子，你等着！"便举枪瞄准，对着号筒打去，那匪兵应声倒下，其余的匪徒便一溜烟地吓跑了，再也没有胆量回来攻打油篓村的围子了。

李广存（1909～1981） 男，汉族，中共党员。李广存青年时期追随革命，服从共产党的领导，积极参与革命工作，抗日战争时期加入共产党。据枣庄李洪陵回忆，1943年8月至1950年12月，李广存曾任油篓村党支部委员。中华人民共和国成立后，他带头组织互助组，组织成立初级社（后转为高级社），并任初（高）级农业合作社社长。1954年，任党支部副书记，1958年后，任大队长，至"文化大革命"时期停止。平反后，任大队长兼治保主任，至1976年。

李广庆（1930～1994） 男，汉族。1945年参加革命。参军后，先后参加大小战斗上百次。1950 年 10 月，积极主动地报名参加了志愿军赴朝作战，参加了上甘岭战斗，在战场上担任机枪手，屡立战功。抗美援朝期间，他荣立二等功 1 次、三等功 3 次，多次受到部队领导的表扬，后加入共产党。抗美援朝战争胜利后，李广庆返回祖国，部队多次为其安排工作，他都以没有文化而拒绝赴任。1956 年复员回家。1967 ~ 1986 年，任村党支部委员，兼村财务管理员。1967 ~ 1980 年，任大队民兵连连长。

李广庆

李广韩（1926 ~ 1995） 男，汉族。1946 年参军，1947 年在孟良崮战役中胳膊负伤，后在部队医院养伤。因伤势严重，当时医疗条件差，未能痊愈，致右臂截肢，被评定为二等甲级残废军人。养伤期间加入共产党，1950 年复员。回家后自食其力，曾开酒馆维持生活。之后的数十年间，关心集体，热爱公益。

李广韩

李兴同（1917 ~ 1996） 男，汉族，中共党员。他在青年时期追随革命，参加抗日活动。1946 年参加解放军，历任铁道兵某部班长、排长，立三等功 1 次，1954 年春复员。1954 年 5 月，任村党支部书记。“文化大革命”期间被造反派罢职。

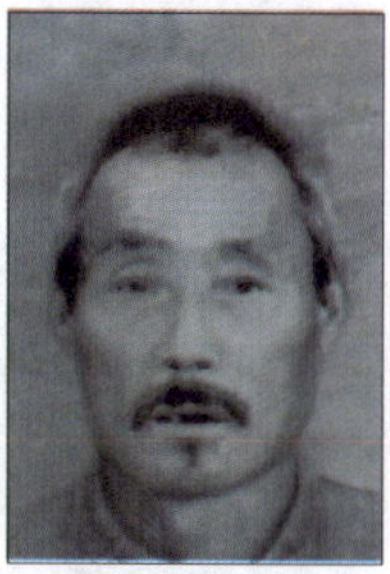
李兴同

他在任支部书记期间，积极带领村民冲破重重阻力，大胆实践，使家乡面貌发生了巨大改变。1964 年秋冬季，利用农闲之际，李兴同积极争取上级的支持，倡议兴修村中北沟塘坝，请人帮助制定规划并做好了施工设计方案，调动村民的积极性，于 1965 年 3 月完工蓄水。后又利用塘坝蓄水浇灌树苗，为植树造林做好了准备。1966 年夏天雨季，动员全村男女老少上山栽树。

为解决群众的饮水问题，他和支部的其他同志商议，在北沟上井以南李灿生菜园北边再打一眼大口井，受到村民的好评。

李广奎（1933～1998） 男，汉族，中共党员。1952年10月，在昌里采购站参加工作，任出纳会计，后调铜石供销社工作。1961年，调入武台公社任公安员。1962年，加入共产党。1989年，任保台乡老干主任。1991年，调入东阳乡任老干主任兼大井产区书记。

李广奎

李广慎（1915～2000） 男，汉族，中共党员，离休干部。鲁南区党委机关进驻油篓村后，他踊跃参加革命工作，参与组织农救会等革命组织。1941年1月，在费县战时邮局任交通员。1942年8月～1943年，在油篓村任指导员、农救会会长。1943年7月，加入中国共产党（第二次入党）。1943～1944年任郯城区土改工作队队员。1944～1946年6月，任郯城分区委组织干事、郯城区区中队指导员。1946年6月～1950年3月，任尼山地委军分区十六团指导员、尼山地委工作团成员、中共平邑县七区（天宝）分区委副组织委员、正组织委员。中华人民共和国成立后，历任中共平邑县七区委委员、中共平邑县七区委组织委员、中共保太区委副书记、中共苗庄区（乡）党委副书记、白彦公社和魏庄公社党委副书记、中共郯城区委副书记。1964年11月退休。退休后，他仍关心油篓村各项事业的发展，积极参加党的组织活动。1967年4月～1975年3月，任村党支部副书记。1982年改离休。

李广慎

李贵英（1929～2003） 男，汉族。1947年4月参军，1950年10月参加抗美援朝战争，1952年因腿部冻伤复员。复员后未向国家要荣誉，也未要残废补贴。

李京云

李京云（1930 ~ 2004） 男，汉族，中共党员。1948年参军入伍。1950年参加中国人民志愿军，为第九兵团辅助通讯排通信兵。1951年3月，在战场上确保通讯联络，荣立二等功1次、三等功2次。1953年9月1日、加入中国共产党、1955年5月复员。复员后任油篓村党支部支部委员。1967年4月～1986年6月，任村党支部副书记。

李荣仕

李荣仕（1933 ~ 2006） 男，汉族。“油篓杂粮煎饼”的创始人。

1947年冬天，李荣仕在上海杨浦区通北路一家豆腐店上工，被老板收为第18位徒弟。学徒期间，敢于钻研，勤学苦练，多次受到老板的赞誉。

1956年年初，公私合营后，他以学徒工进厂当了工人，在上海杨浦豆类食品厂工作。进厂不久，他被选为车间主任。1962年，响应党的号召，带头回乡支援农村建设，带领一家回到油篓大队，参加大队副业组，做豆腐、豆腐皮。

1978年12月，中国实行对内改革、对外开放的政策后，李荣仕从上海、广州等城市采购一些人们急需的生活用品，回到老家便宜卖给乡亲，把村里的黄梨运到泰安装火车，发往东北。挣了一些钱后，他第一个在村里盖起了三间对门对窗的红瓦房。

1982年后，李荣仕又带领李贵国、李兴普、李广胜、李洪俊、李吉开、李广发、李荣金、李兴学、李兴华等人向广州贩卖金银花，每次每家都能挣到一两千元。

20世纪80年代末，李荣仕因多种原因欠下了七万多元的债。

1992年夏天，他独自到上海做豆腐脑等小吃生意。后在女儿李萍的帮助下，改进煎饼用料、做法，改装烙煎饼的炉子，做起了煎饼生意，并带动家人和其他村民到上海做煎饼生意。

在他的带动下，油篓人走出大山，摊煎饼致富。他为促进油篓村的经济发展，带动周边及外乡的发展做出了贡献。

李广忠（1934～2009） 男，汉族，中共党员。1951年参加工作，在铜石区昌里供销门市部任营业员。1953年，调白彦供销社百货门市部任门市经理。1959年7月1日加入中国共产党。1963年，调平邑县土产公司任业务科长，1968年任公司副经理。1978年，调平邑县丰阳公社任丰阳供销社主任。1984年，调流峪供销社任党委书记、理事会主任。2001年退休。

李广忠

李贵银（1931～2010） 男，汉族，中共党员。1945年5月参军，1950年参加抗美援朝，其间加入中国共产党，1953年复员。1966年11月至1967年3月，任油篓村党的核心小组组长。2005年，获得中国人民抗日战争胜利60周年纪念章。

李贵银

纪念章

李京山（1934～2012） 男，汉族，中共党员。1956年参军入伍，后因病提前退伍。1957年加入中国共产党。1967年4月～1975年3月，任村党支部书记。

李贵金（1933～2014） 男，汉族。1947年参军，1950年参加中国人民志愿军，1953年复员。公社化时期曾任生产小队长。

李吉太（1932～2017） 男，汉族。1947年参军，年仅16岁。曾参加抗美援朝，多次受到部队领导的表扬。1956年复员。曾任第二生产小队副队长。

李吉太

李贵成（1930～2017） 男，汉族。曾参加抗美援朝。复员后，回家务农。

第二节　人物简介

李洪陵

李洪陵　男，汉族，高中文化。1937年10月出生在平邑县油篓村。父去世后，母改嫁。其后李洪陵随三叔父在老家生活，16岁离家去平邑县兵役局投奔继父张锡异与母亲，改姓张。1960年1月，在枣庄矿务局参加工作。1960年1月～1963年6月，任枣庄矿务局朱子埠煤矿机电科保管员。1963年10月～1970年2月，任枣庄矿务局八一煤矿机电科保管员。1970年2月～1975年10月，任枣庄市革委副主任、八一煤矿革委副主任、工会副主任、党委副书记。1971年9月加入中国共产党。1975年10月～1978年7月，任枣庄市革委副主任兼市计委主任、党的核心小组组长。1978年7月～1981年5月，任枣庄市峄城区革委副主任。1981年5月～1984年4月，任枣庄市峄城区人民政府副区长。1984年4月～1985年8月，任枣庄市煤炭工业局副局长。1985年8月～1987年2月，任枣庄市公路管理段副段长（副县级）。1987年2月～1993年5月，任枣庄市工商局副局长、党组成员（1989年4月后为正县级）。1993年5月～1994年8月，任枣庄市体育运动委员会副主任、党组成员（正县）。1994年8月～1999年12月，任枣庄市体育运动委员会调研员（正县级）。

1999年12月退休。

李洪柱

李洪柱　生于1941年，中共党员。

1959年春，被选为大队委员，曾带领民工到唐村参加水库建修工程。1960年，任第三生产队队长，一直到1974年。

1974年7月1日加入中国共产党。1976年4月～1980年4月，任村支部副书记兼大队长，带领村民大搞农田建设。1977～1994年，任支部书记，其间主持修建黄泥沟桥，组织完成农村土地承包到农户工作、村通电工程、修建环山路及大口井工作。1985～1988年，主持修建原村办公室5间，为村内修路架桥2处，完成小学校舍改造8间。

1978～1999年，先后任巩家山产区党总支委员、副书记。多次带队负责镇政府安排的修路修桥工程。1987～1988年，先后被郑城镇政府调到崇圣筹建养鸡场和郑城冷藏厂。

曾任平邑县第八届、第九届、第十届、第十一届县人大代表。1978年2月，出席平邑县“农业学大寨工业学大庆”先进单位和积极分子代表会议，受到县委、县政府的表彰。

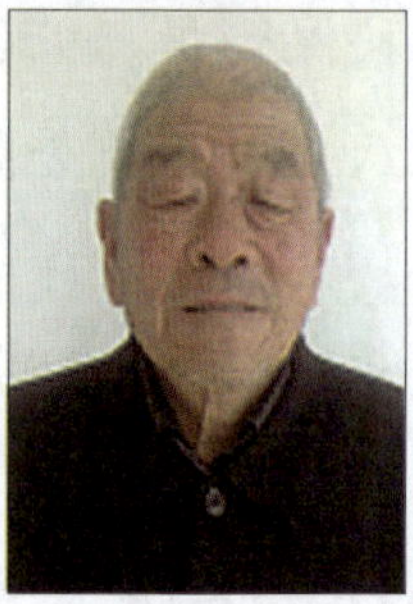

李广学

李广学 生于1942年11月。1961年在巩家山联合诊所学习中医，随李汉儒学习西医。1962年，回村开办大队卫生室。1963年，调卓庄联合诊所。1970年，卓庄联合诊所撤销，李广学被下放回油篓大队参加医疗工作。1973年，调郑城公社医院，任中药调剂师。1981年，任郑城医院会计。1981年11月，加入中国共产党。1986年退休。退休后，关心集体，热心群众公益事业。2007年，被评为优秀共产党员，受到县委、县政府的表彰。

李洪廷

李洪廷 字山村，号东蒙闲人，别号依山居主。生于1947年7月。中共党员，大专文化，副编审职称。

1967年，毕业于费县师范学校。1968年起，开始从事教育工作，先后在白彦、郑城公社任教。1976年7月，调县教育局工作。1984年10月，调县志办公室参与史志编修，先后任科员、副主任、副主编。2007年8月退休。为中国哲学史学会曾子研究会理事，中华诗词学会会员，山东省老干部诗词学会会员，山东省语言学会终身会员，平邑县曾子文化研究会副会长，《蒙山文化研究》副主编、研究员。

主编有《平邑县人口与计划生育志》《平邑县国土资源志》《曾子文化研

究文集》，参与《平邑县志》《山东省志·诸子名家志·曾子志》《宗圣曾子》编纂，均任副主编；著有《平邑方言志》《孔门四圣之曾参》《山村诗词集》《山村诗词续集》，参与《山东方言词典》的调查、编写等。

1988年1月，获县委、县政府授予“先进个人”称号；先后于1987年2月、2001年3月获山东省地方史志编委会授予的全省史志系统先进工作者称号；1991年5月，被评为临沂地区史志系统先进工作者；1997年5月，《平邑县志》出版，县委、县政府给予记三等功表彰奖励。其事迹先后被《中国当代方志学者辞典》《中国百科专家人物传集》《科学中国人——中国专家人才库》收录。2008年10月，中国通俗文艺研究会授予其“第三届中华脊梁——共和国杰出人物”荣誉称号，并颁发证书、锦旗和奖章。

巩继明

巩继明　生于1949年，中共党员。1971年1月入伍。1973年3月，加入中国共产党。1977年4月，退伍回家。1980年，任大队长兼民兵连连长。1985～1999年，任村主任。1977年4月～2008年3月，任村党支部委员。

1991年7月，被评为优秀共产党员，受到中共平邑县委表彰。

丁守荣

丁守荣　生于1949年12月，曾任油篓村妇联主任、民兵连副连长。平邑县第八届、第九届人大代表。自嫁到李家后，几十年来全心全意地支持丈夫在外工作，担起了整个家庭的重任，妯娌、姑嫂和睦，邻里情深，堪当楷模。民兵集训中，她和男民兵一起参加训练，不怕吃苦，不怕劳累，苦练投弹和射击技能，每次都取得很好的成绩。受到公社武装部领导的表扬和全体民兵的称赞。农业劳动从不落于人后。

1967年1月，出席平邑县学习毛泽东著作先进分子代表会议，受到县委、县政府表彰奖励。

1978年2月，以妇代会主任身份参加了平邑县“农业学大寨工业学大庆”

先进单位和积极分子代表会议，受到县委、县政府表彰。

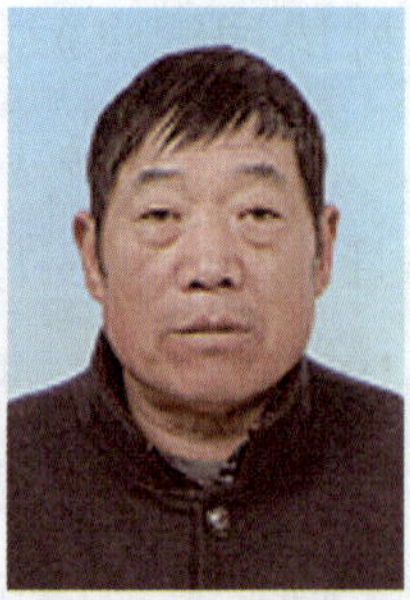
黄守均

黄守均 生于1951年。他是较早走出家乡，靠烙煎饼发家致富的打工者之一。

20世纪80年代初，黄守均与他人合伙做贩卖黄梨的生意，从当地收购黄梨到外地去买，赚取差价。1996年的春天，因车祸使家庭生活陷入困境，后带领全家到上海投奔李荣仕，在李荣仕照顾下，开始卖豆腐脑、烙煎饼、炸油条等早点。从事烙煎饼生意。

后在女儿黄友娥的协助下，生意越来越好，到2000年的腊月，黄守均还清欠债。

女儿出嫁后，黄守均又帮儿子黄友良打理生意，努力干好后勤供应，采购所需配料等。尽管年龄已大，还是不辞劳苦，不时地教育孩子要“走正道，凭力气吃饭”。

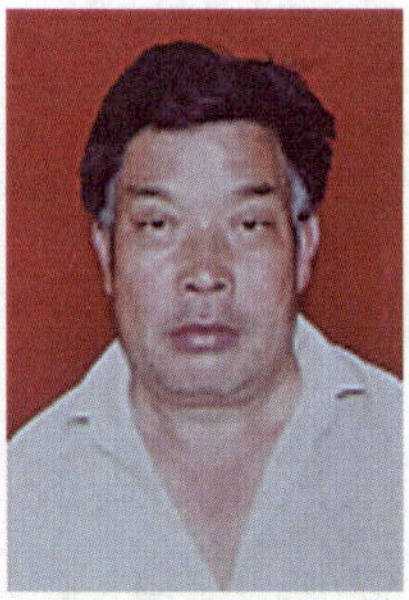
李吉华

李吉华 生于1953年1月，1994年3月加入中国共产党。

1973年1月，在油篓小学任民办教师，1984年，转为公办教师。1987年4月，调郯城中心校任教。1992～1998年，任郯城中心校副校长。1998年8月起，任郯城镇中心校成人教育学校校长。2013年退休。

1972年，被评为镇优秀教师；1975年，被评为县级优秀教师；1984年，评为临沂市优秀教师；1995年，被评为县级模范班主任。

李洪太 生于1954年2月。1985年7月，加入中国共产党。取得临沂市会计专业和农技专业农民技师职称。

1969～1975年2月，任第三生产小队会计。1974～1975年，任农民夜校教师。1976年，任村民办教师。1976年8月～1984年3月，任村团支部书记。

1976年10月～2011年4月，为村会计。退休后返聘为村会计。1984～2011年4月，任村委会委员。1986年7月～2008年3月，任村党支部委员。1990年12月，临沂地区行政公署授予其先进个人称号。1998年5月，参与农业普查，被评为临沂市先进个人。2008年，再次被评为临沂市农业普查先进个人。1996年1月，被平邑县委、县政府授予先进工作者称号。2009年1月，被平邑县委组织部评为先进工作者。

李洪太

李洪成 生于1958年11月，大专学历，中共党员。

1977年1月，应征入伍。11月，随所在部队在四川施工期间因公致残，被评为七级伤残军人。1981年，退伍回到家乡，被村两委推荐为村经济保管员。1983年，在第一届村委组建时当选为村委副主任。1986年，当选为村党支部副书记。1995年11月～2017年年底，任油篓村党支部书记、村民委员会主任。

李洪成

李洪成担任村党支部书记期间，带领村民解决了吃水难、走路难、住房难“三难”，完成了人畜饮水工程和新农村住宅楼建设工程。

支持和鼓励村民走出去打工致富。油篓村民在李荣仕带领下，外出打工致富，大多选择烙煎饼生意。李洪成千方百计地为他们提供方便，解决后顾之忧。

2011年1月，平邑县委组织部编辑录制李洪成专题纪录片《小山村的当家人》，并将此纪录片作为党员教育的专题教材，受到全县人民的好评。

他还当选平邑县第十五届、第十六届、第十七届县人大代表，郑城镇第九届至第十四届镇人大代表。

李中国 1962年2月生。1981年8月参加工作，大学本科学历。

1981年8月～1992年7月，先后在平邑县白彦中学、平邑二中、平邑一中、平邑职业中专、平邑电视大学任教，晋升为中学高级教师。

李中国

1992年8月考取律师资格。1992年8月～1994年8月，先后成立平邑县经济律师事务所、临沂蒙阳律师事务所和山东东蒙律师事务所。1994年9月～2005年6月，任蒙阳律师事务所主任，多次被平邑县司法局和临沂市司法局评为优秀律师。2003年3月，任山东华瑞拍卖有限公司平邑分公司经理，并于2004年10月考取国家注册拍卖师资格。2003年6月，兼任临沂隆盛平邑典当行经理。2004年3月，任临沂市中介组织党外知识分子联谊会理事。2006年11月，任临沂市社会新阶层人士、社会中介组织党外知识分子联谊会常务理事。2003年1月26日，当选平邑县政协第七届委员会无党派界政协委员、常务委员。

李阳

李阳　出生于1962年，李荣仕长子。1985年考入枣庄师专物理系。1987年毕业，被分配到枣庄市山亭区徐庄中学任教。1990年，调入青岛市城阳一中任高中物理教师。

在其父亲熏陶下，李阳自小就有强烈的经商意识。1993年，经学校批准离岗经商，创建平邑康泰中药材贸易商社，从事中药材出口贸易。1997年，公司首次进入广交会，全面开展国际外贸出口业务，主营地产中药材，先后与韩国、日本、马来西亚、新加坡、英国、美国以及中国香港、台湾地区建立业务往来。

2005年，注册成立平邑泰奉药材进出口有限公司，并获得独立进出口权，从单一的中药材出口业务发展为多品种经营，开发国际市场，先后与东南亚、中东、非洲和欧洲的76个国家和地区建立业务往来。

2009年，公司开了第一个淘宝店，创造了单品日销29656件，订单17241笔，零售额88.67万元的业绩。2013年，入驻天猫店，2015年实现零售额3650万元。2016年零售额5500万元，年订单量突破61万笔，被县政府评为电商模范企业，并奖励扶持资金10万元。

2011年后，在青岛成立青岛邦正国际贸易有限公司；扩建艾绒加工厂；成立平邑县瑞达药材专业合作社；在非洲的尼日利亚成立办事机构；筹建中国艾草产业协会和中国艾草产业学会；成立泰奉公司跨境电商部；新建足浴粉加工厂，收购深圳鸿图达科技有限公司。

李阳的公司14年间研发100余款新产品，其中6个产品获得国家专利，先后申请15个品牌的商标，拥有商标证书63张。

李林　1964年11月出生，1982年高中毕业。

李林

1991年去青岛打工，1994年6月投奔父母到上海，后成为油篓煎饼创业发展的带头人之一。

李林到上海后，也先从煎饼生意做起。先后在靖宇路、平凉路25路公交车终点站、市光二村、通北路开店。

2001年8月，他在上海大学租了一间门面做煎饼。老乡们学习他的做法，纷纷到大学城的学校食堂或校外摊点，做摊煎饼生意。

2003年10月，他向国家专利局申请了杂粮煎饼的专利，专利号ZL200310108113.5，并制造杂粮煎饼专利号牌、许可号、围裙、帽子，发给在上海摊煎饼的老乡，以保护他们的权益。

李兴民　1974年5月生。中共党员，高中学历。

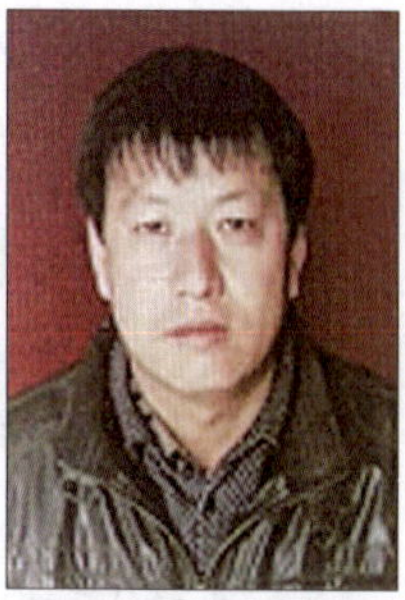

李兴民

高中毕业回村后，加入了共青团组织。2002年4月，任村团支部书记。2005年7月1日，加入中国共产党。2008年4月～2011年4月，任村党支部委员。2011年5月，任村党支部委员兼村会计。2014年6月，任村党支部副书记。2018年1月，村党支部换届选举，继任副书记。村委换届，被选为村主任。

2017年8月，县委宣传部、县文明办、县总工会、团县委、县妇联联合开展了第六届道德模范评选活动。按照评选活动要求，对候选人进行了网络投票。李兴民被评为“平邑县第六届道德模范”之“孝老爱亲”模范。

2017年9月，平邑县第六届道德模范表彰会议在平邑召开，李兴民受到第六届道德模范组委会的表彰，并接受了组委会授予的证书、奖牌等。

李萍　女，1974年3月出生，小学文化。

李萍

1993年2月2日，李萍随母亲李云举到上海帮父亲李荣仕做豆腐脑生意，后成为煎饼创业的带头人之一。

她听了父亲的提议，改进煎饼用料、做法、工具和适合涂在煎饼上的甜蜜酱。她毫无保留地把摊煎饼、做酱的方法教给老家来的乡亲们。

经她改良后的山东杂粮煎饼有特色，很受食客喜爱。

黄友娥　黄守均的女儿，生于1976年6月，初中文化。初中毕业后随父母到上海烙煎饼挣钱。在母亲的指导下，烙煎饼的技术日益精湛。她烙得煎饼厚薄均匀、又香又脆，很受顾客的青睐。帮助父亲打理生意，后来生意越来越红火，并发誓不帮娘家还清欠账决不结婚。

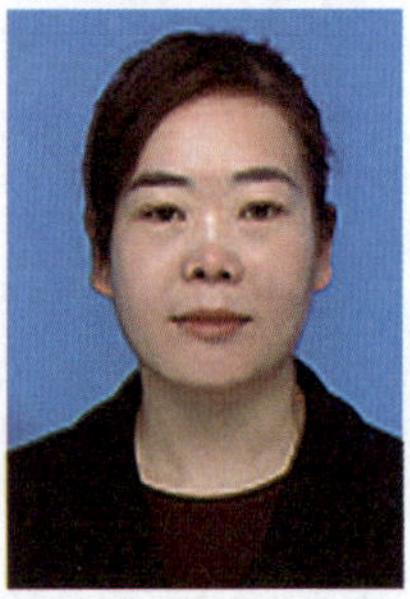

黄友娥

1998年4月，经人介绍，黄友娥与李庆勇成为恋人。黄友娥在空闲时带他出去找摊位、揽生意，帮助李庆勇学会了摊煎饼的手艺。

2000年，黄友娥和李庆勇结婚，共同经营煎饼小吃。2007年，黄友娥荣获“平邑县巾帼致富标兵”和“平邑县好媳妇”等荣誉称号，并被评为第十二届“临沂市十大杰出青年”。

李忆民　1985年12月14日出生，2009年毕业于江西陶瓷工艺美术学院。

李忆民

2009～2012年，在青岛一家中药材进出口贸易公司工作。在青岛公司工作期间，利用在大学期间通过淘宝平台卖瓷器的经验，大胆地走电商之路卖货。进店3个月后，在网上卖出了第一单货物，开辟了另一条销售渠道。

经过 3 年多的工作学习，李忆民萌生了在家乡创业的念头，决心回到平邑，利用当地艾草资源发展家乡的中药材事业。

2012 年 7 月，李忆民辞职回到家乡建立公司，办起了电子商务门店，成立平邑暖暖艾中药材有限公司，后更名为山东暖暖艾中药材进出口有限公司，致力打造“暖暖艾”品牌 。

公司建立后，刚开始在一个不足 100 平方米的小厂房里加工生产，两个月后，他将厂房扩大到 500 平方米，随着线上销售量和线下固定客户订单的增加，他又将厂房扩建到 1500 平方米，员工 30 多人，为工厂所在村庄居民解决了部分就业问题。他还成立了自己的网络运营团队。

2014 年，该公司被评为青年创业示范点，2015 年销售额增加到 500 万元。2016 ～ 2017 年，电商销售额达 700 万元，出口额达 1000 万元，获得省级平邑电商物流园奖金 3 万元。

创业成功后，他没有忘了回馈家乡。2015 年正月十五，李忆民组织公司员工，在县团委的协助下，到平邑县老年公寓慰问老人。他还多次参与社会组织的为藏区儿童捐献棉衣、为家乡贫困孩子捐献书包及学习用品等活动。

第三节　复员、退伍军人名录

复员残废军人：李广韩（已故、二等甲级）、李兴余（已故、三等乙级）、李贵山（已故、三等乙级）、王广田（已故、三等乙级）。

复员军人：李京明、李广仕、李兴同、李京云、李广庆、李贵银、李贵金、李贵英、李贵成、李吉太（以上人员均已亡故）。李京水（健在）。

退伍军人：李广珍（已故）、李京山（已故）、李洪法（已故）、李荣俊、李吉财、林清平、巩继明、李洪成、李广信、李广师、李广勇、李吉传、徐宝山、李洪先、徐宝永、李洪江、李中桂、李中国（北岭）、李庆启、李中秋、李中兴、李广金、李中廷、李洪营、李洪叶、李洪华（北岭）、李龙、林本宏。

第四节 能工巧匠

油篓村自建村以来，历代都有能工巧匠出现。他们或有祖传，或有师承，或是自学，都在村民的日常生活中发挥了不可或缺的作用，为油篓村的延续发展付出了辛勤劳动。2000 年后，由于物质生活的极大丰富和生活条件的改善，工匠个人手工活大多停止。

一、石匠

油篓村在 20 世纪 70 年代前，石匠没有统一的组织，谁家打墙盖屋多有求必应而前去帮工，不要工钱。70 年代后期，村里组织了基建施工队，石匠们多活跃在大口井、塘坝建设中。后有人拉起了施工队，对村里的打墙盖屋施工进行小包工或大包工，雇主按协议交钱住房。

已故石匠有李广如 、李广余、李广彩、李广振、李广四、李广彬、李广水、李广年、李广秀、李洪学、李广伦、李广更、李广文、李广平、李广菊、李广明、李荣仓、李兴德、李吉山、李广化、庄立成、李吉祥、徐思成、李广生、巩继德、李贵经、李京义、李京如、李京文、李广运、李京奎、李京胜、李庆德、李吉全、李洪平等 35 人。

健在的石匠有李洪运、李洪夫、李广乾、李广民、李兴正、黄守财、李洪伟、李洪近、徐德全、李庆才、李中云、李中启等 12 人。

二、木匠

油篓村木匠较少。最早的木工有李荣全及传人李兴柱，李贵才及传人李广红、李广旗。后有李广都及传人李洪聚，李荣俊及徒弟李建。李洪明、李吉明、李庆安、李广勤等人也有较好的木工手艺。

三、织匠

20 世纪 40 年代至 60 年代“文化大革命”前，油篓村有众多织布匠人，大多师从李桂清、李贵平。他们是李贵清、李贵平、李贵久、李广德、李广祥、李广彬、李广水、李贵如、李广四、李广一、李广云、李广玉、李广运、李京如、李京文、李中正，均已亡故。

1960 年前后，李洪夫（山陂）跟随父亲李广四学艺成功。

20 世纪 70 年代后，物质生活极大丰富，基本没有人再自种棉花，自己织布穿衣了。

现时村里精通织布手艺的唯有李洪夫。

第二十一章 艺 文

抗战时期的“报纸”①

“来得早不如来得巧，正赶上读报时间，”罗荣桓说完拉着希伯坐到桌子前，拿起一块煎饼递给他：“读报，读报。”“读报？”希伯满腹疑问。

“都是职业病啊！一听读报就敏感。”罗荣桓把煎饼摊开，用双手捧起，做了一个读报的动作，再把帽子摘下来开始咬起煎饼来，然后说：“这个就叫读报，也就是吃饭，你看像不像读报？”

希伯回过神来说：“OK，太形象了，这不是我编的报纸，这是钻进我们肚子里报纸啊！”

当时，把吃煎饼称为“读报”其实还有一段由来。

当时，一一五师师部驻扎在天宝山区（今郑城镇桃峪、油篓、巩家山一带）田少粮少，是山东著名的穷地方。部队同老百姓一样，吃的是煎饼、野菜。当时做煎饼的糊糊是高粱面、谷（薯）子面。高粱煎饼又黑又硬，咬嚼起来十分费劲，额头直冒青筋，得把帽子脱下来。谷（薯）子面煎饼中糠很多，吃下去难以消化，容易便秘。

师部有些从上海等南方城市来的同志不会卷煎饼，就双手捧起煎饼吃，样子很像读报。于是当开饭吃煎饼时，他们便开玩笑说：“读报了读报了！”久而久之，“读报”就成了吃饭的代名词。罗荣桓患有很严重的痔疮，同志们想给他开点小灶，但被他拒绝，仍然每天“读报”不已。当时罗荣桓 2 岁多的儿子罗东进每天也少不了“读报”。久而久之，罗东进也吃惯了，还形象地称吃

注：①节选自当代中国出版社 2006 年出版的《罗荣桓传》，稍添注解。

煎饼为“嘎嘣”。

希伯到一一五师后不久，习惯了啃煎饼，还学会了烙煎饼。有时吃煎饼，他还风趣地说：“这个嘎嘣很香。”

依山居赋①

宅者，家之征也。人之于家，犹树之于根。居，乃家之饰也。

予始祖首迁油篓村，至吾辈已历十一世。老屋不知建于何时，自打记事时，即听说被刘黑七烧毁过，门框上尚留被烧过的痕迹，此为祖父所经营之祖屋。待成家立业，改善居住，乃筑屋当前。村划宅基，筹筑安乐之家园。取石备料，期谋梦圆。严父帮之以力，岳父包之物料，亲邻帮之以工，草庐壬子构成。未几，调县公务，先是子女随吾插班以求学，其后举家城里家安。待子女学成，致经济拮据，入不敷出，癸酉之年鬻房以解困，易主宅院。庚寅初夏，老家新建社区，落成楼房数座，遂购楼以重立家业，此宅之三也。新楼居一层，百二十余平米，可谓宽敞明亮，赏心悦目，美哉也，因以赋之。

斗转星移，沧海桑田。祖之立业，奋之经年。祖父胸有文墨，苦读圣贤；曾为塾师，享誉乡间。诗书门第，潜移默化，遂萌生鸿鹄之志向；追慕先人，识文谙理，愿承借泽惠之泉源。立抱负之意念兮，一脉承先！致专心攻读，学有所成。从教育人，重任在肩；史志编纂，废寝忘餐。此老屋之荫助也矣！然因公居城，敬业为本，虽无名利之累，却有邻人之偎、朋友之帮。但家国同源，唯勤奋开拓，彰显祖训，以谢德恩，故谨记而未敢忘本矣！

昔日油篓，红色堡垒。抗战岁月，光耀灿然。四零（年）初夏，（鲁南区）党委进驻，发动群众，改换地天。带来希望，百姓心甜。腾房让铺，筹集给养，军民一家，父兄一般。识字班儿童团，学文化思想变。抗日小学，坚持数年。全民参战，抗击伪顽。游击大队（李灿营大队），四面出击，牵制敌人，保国护院。解放战争，事迹空前，掩护伤兵，山洞送饭。伤愈归队，感恩泪潸。前

注：①选自李洪廷《山村诗词集续集》。

线呼唤，担架支前。踊跃参军，民工争先。光荣传统，代代相传。

油篓村庄，得天独厚，素有“金油篓”之美誉；改革开放，打工致富，再添“中华煎饼第一村”之名传。晨起开门见南山（南大顶，今呼观音山），心旷神怡；晚处层林环抱，心境舒然。楼区春来林海花潮，百鸟争喧；夏至翠巘如屏，飞瀑流泉；秋临层林尽染，硕果黄丹；冬深银装素裹，玉树琼颜。东依山峦形胜，果园景秀，呈祥瑞兮普罩；西借库水潋滟，蓬荜生辉，衔紫气兮频添。前有幼儿园，孕育希望；旁有敬老院，安度晚年。堪称希望之地，养老之佳苑。绿树掩映，田园锦绣；鸟语花香，闲庭辉碧，堪比世外之桃源。呜呼！不羡南阳之庐，确兴陶渊之叹！可比华堂之高，可拟江湖之远；可忧天下之忧而忧，可待天下之乐而乐矣。民富怀仁向善，祥和乐安；政通赢来盛世，舜日尧天。改革红利，中国梦圆，惊现百业俱兴之貌；广厦千间，寒士欢颜，正呈风雨不动安如山者也！

吾生于僻壤，天佑祖庇，始离昧蒙。素崇廉倡俭，蹈矩而循规；竭诚少虞，处事耿然。追慕鲲鹏，终难腾雾。乡骥伏枥，未至千里。廉颇将老，饭否泰然。壮志凌云，终归本源。人之寿短，德道长传。然庸凡流俗者众，修齐治平者稀；诚孝践行者易，仁德功成者难。 而绩效伴鲜花绽放，诚信借口碑流传。幸未随波逐流，总是潮头搏拼，一路坦然！

居斯庐也，但求个中之乐，恰有陶翁采菊、悠然南山之兴矣！故冀以鸿爪，聊作悟道之思；难忘雪泥，留痕之于未来。然操未竟之先业，报育恩之桑梓；建富饶美丽家园，当思时不我待矣。嗟夫！践之！行之！幸甚！幸哉也！

夫以宅言志，故名“依山居”，略述梗概，是以为记。时在甲午荷月，于平邑城居宅舍。

诗词选粹[①]

满庭芳·贺郑昌[②]公路郑城段开通

一线通途，两厢新绿，贯穿南北乡集。县连村镇，看路网交织。党政精心策划，广发动，踊跃心齐。出工料，争先恐后，会战土石移。

往时山道险，农家特产，货价廉低。幸而改革起，绝处生机。各业蒸蒸日上，又抓住花果[③]根基。如今是路通财进，美景定逾昔。

家乡感怀（三首）[④]

竖山楼子[⑤]

竖山楼子竖山前，挺立巍峨柱地天。
风雨千年颜不改，春秋交替共云山。
仙姑寂寞红尘恋，民女应邀且叙缘。
护佑东西南北客，携金囊玉把家还。

油篓石[⑥]

奇石油篓历沧桑，见证先人创业忙。
背靠篓石难致富，改革奋进篓生香。

注：①选自李洪廷《山村诗词集》《山村诗词续集》《依山居吟草》。

②郑城镇驻地至铜石镇昌里村。

③花果指金银花及黄梨等。

④丙戌年正月底，回家接老母，睹物思情，因以赋诗三首。

⑤东山峭壁前有一巨大岩体突出于山体之外，当地群众称之为竖山楼子，传为大仙姑修炼之处。

⑥村东有一巨石，状如油篓，乃西街李氏先祖首迁居住之地。

猴子石[1]

稳坐东山大圣形，专心俯视佑安宁。
凭灵识破真和假，辨伪留得玉宇清。

山村晚景

一片锦云傍落霞，村前树暗鹊喳喳。
星空高挂弯弯月，点点灯光映月华。

家乡盖起小康楼

报载油篓新村建设奠基，此乃家乡盛事，引以为豪，特赋诗以庆贺之。

开放改革廿九年，富民政策暖心田。
打工开拓新天地，特色煎饼挣大钱。
城里生活非梦想，“洋楼”电话小康甜。
家兴处处高歌起，国盛村村乐凯旋。

登盘山道有感

清明节回家扫墓，有幸先睹新村容貌，再乘车攀登东山盘山道。登顶俯瞰山下，梨花盛开，水库如镜，山川秀丽，尽收眼底。兴致使然，遂作此诗以记。

山崖陡峭路盘旋，左拐右折入碧天。
梦想成真呈胜景，乐翻翁妪竞观览。
粼光闪烁平湖静，楼宇生辉盛世甜。
梨杏花开增兴致，欲行难舍故乡缘。

注：①东山根下一巨石，状如石猴俯瞰全村，被视为吉祥之物，逢年过节便有人祭拜供奉。

抢收银花[1]

(一)

夏初农事繁忙日，又到银花摘采时。
户户匆忙煎饼备，家家紧把菜肴置。
花期莫误齐出动，男女争先怕慢迟。
每岁开销押此宝，丰收民喜眼双眯。

(二)

小满时节农事忙，银花摘采忘梳妆。
披星带露出门去，睡眼惺忪尚梦乡。
巧手金针飞上下，霎时银蕊满篮筐。
满坡遍野清香溢，绿映红白[2]伴笑朗。

童趣，捉螃回想[3]

幼时，村北有小溪自东而西，俗呼北沟。每到深秋，溪水叮咚，秋虫唧唧。晚间，用火把照射水畔便可大捉山螃。肥美的螃蟹拌上鲜辣椒、葱姜等佐料，腌制一盆咸菜，实为秋冬佐餐的上等佳肴。20世纪60年代初期，小溪上游修建了水库，破坏了原有生态，再也难觅童时的那种景观乐趣了。

秋夜冷飕飕，潺潺溪水流。
就中寻美味，龟蟹竞横游。
茼秆燃通亮，匆忙猎物收。
余皆全不顾，满载喜心头。

注：①原载《沂蒙诗词》2013年第一期。
②“红”指红装俏女，“白”系金银花开。
③原载《沂蒙诗词》2013年第一期。

新农村

春染乾坤着绿妆，眼前美景细端详。
红楼座座添风采，大道条条通富乡。
娱乐生活多惬意，豪车享受倍增光。
琳琅货物任挑选，电脑手机伴小康。

农民工赞

天南地北为生存，千里淘金历苦辛。
都市各行拼手艺，乡间百业跳龙门。
餐风饮露迎旭日，老幼舍家念亲人。
方便他人赢利润，搞活经济献真心。

回老家过年①

自1986年举家迁居县城，已是30年时日未在老家过年了。今岁因母病在家侍奉，子女等回家团聚，一为老母祝寿，二为增进乡情，不忘故土，有感而发，遂草成是诗。

情牵故土梦流连，今岁还家过大年。
卅载春秋眨眼去，一腔思念系心间。
亲邻叙旧千言少，好友交杯万语甜。
孙幼荧屏添乐趣，五更蘸酒续诗篇。

注：①原载山东《老干部之家》2015年第四期。

鲁南区党委进驻油篓村七十五周年有感

2015年5月，回家侍母，路过区党委驻地遗址前，瞻旧址，思往事，心潮难平。75年后的今天，已经不是当年的模样。社区高楼座座，道路通畅，人们安居乐业，生活更上层天。军民虽处半载，但情深意长，留下难忘瞬间，实应珍惜之！

昔日鲁南根据地，时称天宝小延安。
党军帷幄驱顽寇，区委筹谋建政权。
忆苦思甜同命运，拨云驱雾见晴天。
社区靓丽开新宇，更上层楼喜事连。

赶花集

争忆儿时多喜事，至今难忘赶花集。
人头攒动满街客，满目琳琅遍地奇。
花米团子汪狗哨，滴金炮仗簪花笛。
精疲力尽回家转，欣喜又添新帽衣。

贺岁诗

春回大地气清新，禹甸祥和遍地金。
鞭炮声声辞旧岁，门联片片送佳音。
今朝梅报千家喜，明岁花开万里馨。
先问金安拱手拜，但求都是万福人。

大年初一随想

年夜饭香酒兴浓，阖家团聚乐融融。
今朝鞭炮声声响，来岁农桑处处丰。
烛映华堂辞旧岁，梅开雅室送寒冬。
灵羊载誉还家转，酬愿金猴又返程。

浪淘沙·春归故里①

山坳转坡垭，遍地梨花。含苞欲放斗春华。乍暖乍寒春意好，客面红霞。

岁月染白发，留恋生涯。浓荫树下过家家。光景如飞犹未老，邀伴喝茶。

鹧鸪天·春晚访友②

夕照斜阳暮近临，残霞零落晚烟昏。入林倦鸟栖高树，劳作归农甩汗衿。

情脉脉，绪纷纷。时光虽去旧情深。难得体会当年事，处处温馨故里亲。

满庭芳·故乡情

绿染边坡，田园添绣，拱桥借势凌空。沟南沟北，深壑送人情。谁信高楼移住，穷僻壤，红利先争。东风里，朱门掩翠，布谷叫催耕。

征程，时已去，尘埃往事，依旧浓浓。草木环茅舍，父老亲朋。翻卷心书万卷，回头看，难舍芳容。依栏立，轩窗淡月，听漏闹三更。

江城子·守望③

油篓村乃当地出名的打工致富村庄之一，村中十之八九青壮劳力自 80 年代始，走南闯北，打工创业，收益颇丰，喜而赞之。

忽闻儿女起身行，泪花盈，望长空。翁媪整装，屈指盼归程。今日门前亲眼见，脸堆笑，喜前迎。

打工在外理家中，戏孙童，莳田耕。忙里偷闲，浆洗不丢松。莫忘双亲风雨里，常慰藉，孝行躬。

注：①原载《沂蒙诗词》2011 年第一期。
②原载《沂蒙诗词》2011 年第一期。
③原载《沂蒙诗词》2014 年第二期。

忆江南·咏家乡三首

其一

家乡好，画意满山川。楂坠枝头红艳艳，黄梨柿子鹊盘旋，漫步喜流连。

其二

家乡好，绿树映红澜[①]。拔地高楼添靓丽，民得实惠笑声甜，齐赞政声贤。

其三

家乡好，留恋挂心间。远走他乡身在外，山山水水系情缘，梦里也心甜。

满庭芳·贺观音山生态旅游采摘节启动

晓气清朗，秋风轻荡，满域[②]硕果飘香。梨枝弯坠，山楂着红装。妆点山川秀丽，还应有，柿子橙黄。浓荫里，尽情享受，何必想苏杭！

而今，开旅道，景幽陶醉，小酒初觞。忆抗敌岁月，罗赵陈光[③]。横扫日顽伪匪，高干会[④]，军地昂扬。光阴过，新颜处处，雅韵赋华章。

清平乐·打工者赞[⑤]

——依韵和李清照

欣归故里，满脸桃花醉。告慰妻儿和长辈，腰揣黄金兜坠。

打工走遍天涯，街头巷尾安家。百味人生谁解？脱贫光耀中华。

注：①民居焕新容，排楼耸起。绿树红瓦，呈红色斑斓之景色。

②母子山流域，母子山今称观音山。

③一一五师政委罗荣桓，鲁南区党委书记赵镈，一一五师代师长陈光，1940年5月后，分别进驻桃峪、油篓、巩家山等村，领导和开辟天宝山区抗日根据地。

④指一一五师会同中共山东分局在桃峪东山召开的旅以上高干会议，进一步打开了鲁南地区的抗战局面。

⑤原载山东老干部之家《诗坛》之《依韵和词宗》栏目（2016年6月，总第9期）

行香子·新农村美景图

——依秦观《行香子》韵而作

楼矗南庄，路绕山乡。借东风，村焕容装。果园深处，满眼春光。看桃花开，杏花败，蜜蜂狂。

旧日石墙，矮小茅堂。比今昔，雅兴徜徉。共夸飞变，凝视前方。正车笛鸣，媪翁喜，扮新装。

临江仙·山村初夏

百鸟争鸣鸡唱晓，朦胧紫气云烟。无边麦浪竞扬帆。山幽林静谧，着墨绘田园。

不恨荫浓花隐迹，醉中争看人间。品茶翁媪笑翻天。布谷催夏种，蛙闹唱丰年。

行香子·初夏情思[1]

——和苏轼“绮席才终”词

夏雨初晴，薄雾朦胧。晓风柔，百鸟啼鸣。赏群山翠，田野葱茏。看银花放，榴争艳，栗香浓。

遣怀寄兴，难舍乡情。少年狂，誓有初衷。尽心攻读，致力穷经。正笙歌起，词赋荡，颂声轻。

注：①原载《沂蒙诗词》2017年第二期

乡愁

漫道乡愁系吾心，山清水秀倍相亲。
当年闯荡激情奋，今日归来五味陈。
半世烟云浑似昨，经年往事忆犹新。
门前模样突飞变，绿映红楼何处寻？

喜见家乡巨变

闲话当年盼梦圆，而今道路胜从前。
绕湖盛意迎宾客，依势盘旋入顶巅。
脚下浮烟掩静谧，峰端脆啭送清闲。
旧时面目今朝变，盛世迎来紫气旋。

天净沙・贺中央美院崮顶艺术中心建设施工

山高雾绕风清，彩旗基地师生，描绘人间盛景。绝佳形胜，写生勿忘骚朋。

附 录

规章制度选录

油篓村民主法制建设村规民约

为了推进油篓村民主法制建设，维护社会稳定，树立良好的民风、村风，创造安居乐业的社会环境，促进经济发展，建设文明卫生新农村，经全体村民讨论通过，制定本村规民约：

一、社会治安

1. 每个村民都要学法、知法、守法、自觉维护法律尊严，积极同一切违法犯罪行为作斗争。

2. 村民之间应团结友爱，和睦相处，不打架斗殴，不酗酒滋事，严禁侮辱、诽谤他人，严禁造谣惑众、拨弄是非。

3. 自觉维护社会秩序和公共安全，不扰乱公共秩序，不阻碍公务人员执行公务。

4. 严禁偷盗、敲诈、哄抢国家和集体及个人财务，严禁赌博，严禁替罪犯藏匿赃物。

5. 严禁非法生产、运输、储存和买卖爆炸物品；经销烟花、爆竹等易燃易爆物品须经公安机关等有关部门批准。不得私藏枪支弹药，拾得枪支弹药、爆炸物品，要及时上缴公安机关。

6. 爱护公共财物，不得损坏水利、道路交通、供电、通讯、生产等公共设施。

7. 严禁非法限制他人人身自由或非法侵犯他人住宅，不准隐匿、毁弃、私拆他人邮件。

8. 严禁私自砍伐国家、集体或他人的林木，严禁损害他人庄稼、瓜果及其他农作物，加强牲畜看管，严禁放养猪、牛、羊。

二、消防安全

1. 加强野外用火管理，严防山火发生。

2. 家庭用火做到人离火灭，严禁在将易燃易爆物品堆放村内、院中，定期检查，排除各种火灾隐患。

3. 加强村庄防火设施建设，定期检查消防池、消防水管和消防栓，保证消防用水正常。

4. 对村内、户内电线要定期检查，损坏的要请电工及时修理、更新，严禁乱拉乱接电线。

5. 加强村民尤其是少年儿童安全用火、用电知识宣传教育，提高全体村民消防安全知识水平和意识。

三、村风民俗

1. 提倡社会主义精神文明，移风易俗，反对封建迷信及其他不文明行为，树立良好的民风、村风。

2. 红白喜事由红白喜事理事会管理，喜事新办，丧事从俭，破除陈规旧俗，反对铺张浪费，反对大操大办。

3. 不请神弄鬼或装神弄鬼，不搞封建迷信活动，不听、看、传淫秽书刊、音像，不参加非法组织。

4. 建立正常的人际关系，不搞宗派活动，反对家族主义。

5. 积极开展文明卫生村建设，搞好公共卫生，加强村容村貌整治，严禁随地乱倒乱堆垃圾、秽物，修房盖屋余下的垃圾碎片应及时清理，柴草、粪土应定点堆放。

6. 建房应服从村庄建设规划，经村委会和上级有关部门批准，统一安排，不得擅自动工，不得违反规划或损害四邻利益。

四、邻里关系

1. 村民之间要互尊、互爱、互助、和睦相处，建立良好的邻里关系。

2. 在生产、生活、社会交往过程中，应遵循平等、自愿、互惠、互利的原则，发扬社会主义新风尚。

3. 邻里纠纷应本着团结友爱的原则平等协商解决，协商不成的可申请村调解委调解，也可依法向人民法院起诉。树立依法维权意识，不得以牙还牙，以暴制暴。

五、婚姻家庭

1. 遵循婚姻自由、男女平等、一夫一妻、尊老爱幼的原则，建立团结和睦的家庭关系。

2. 婚姻大事由本人做主，反对包办干涉，男女青年结婚必须符合法定结婚年龄要求，提倡晚婚晚育。

3. 自觉遵守计划生育法律、法规、政策，实行计划生育，提倡优生优育，严禁无计划生育或超生。

4. 夫妻地位平等，共同承担家务劳动，共同管理家庭财产，反对家庭暴力。

5. 父母应尽抚养、教育未成年子女的义务，禁止歧视、虐待、遗弃女婴，破除重男轻女的陋习，子女应尽赡养老人的义务，不得歧视虐待老人。

六、志愿服务

1. 积极培育和发展村志愿者服务组织，积极鼓励村民参与志愿服务活动，壮大志愿者队伍，村两委指导开展服务活动。

2. 村志愿者经常开展便民利民的村级志愿服务，关爱空巢老人，关怀儿童成长，关心残疾人生活。

对违反上述社会治安条款者，触犯法律法规的，报送司法机关处理；尚未触犯刑律和治安处罚条例的，出具检讨书，由村委会批评教育，责令改正；情节严重的交上级有关部门处理。

中共油篓村支部委员会

油篓村民委员会

2012 年 5 月 15 日

建设美丽乡村村规民约

为搞好美丽乡村建设，以大局发展为重，努力打造全省“最美乡村”，更好地发展经济，提高村民的正常生活水平，经村两委及村民代表、学员代表研究通过，特制定村规民约如下：

一、公路两侧和村内所有的街道、旅游路、生产路、河道不准堆放柴草、沙石、晾粪及一切妨碍村容的障碍物，对搞工程建设确实需占路的应尽量整理少占，在工程完工后及时清理干净并恢复原状，凡本村户籍村民在雪停后一日内打通左右前后邻里道路，如不扫通，一次罚款十元（从年内分红或福利中扣除）。不在家者可委托亲戚朋友代其打扫，村民并有保护好门前公共设施和绿化的义务。

二、实施垃圾分类，生活垃圾能处理的自己处理，不能自行处理的一律送入垃圾桶，不能乱丢、乱扔、乱倒，保持门前房后清洁卫生，所有的污水排放必须排入沉淀池和化粪池，不得直排。

三、对养鸡、养狗、养羊、养牛户实行全部圈养，如户主不听，鸡、狗、羊、牛等家畜每出户一次罚款十元。

四、严禁酗酒闹事。在街上大吵、大闹、打架斗殴影响其他村民正常生活秩序的，对当事人以及其他人和在我村任何场合参与喝酒的本村人进行罚款，一次每人五十元。

五、发扬尊老爱幼的好风气，对不孝敬老人的儿女，只要老人找到村委一次，将其户的全部分红福利或其他享受的待遇全部转发给该老人。

六、如有村民在本村偷盗价值十元以上的，将其户全年福利全部扣除，或有意破坏集体及个人财产的，按损失价值五倍以上包赔对方。

七、本村村民如出现非法生育、抱养，扣除违法生育者所属户 5 年内的一切福利待遇。

八、凡是参与或组织参与非法邪教活动，或散布破坏影响国家团结安定言论的村民，所属户享受的一切福利性质的待遇全部取消，该承担法律责任的追究其法律责任。

以上规定望村民自觉执行，互相监督，争做一名有素质、有觉悟、有文化、懂礼貌、保护环境的新型农民。

中共油篓村支部委员会

油篓村民委员会

2015 年 3 月 15 日

油篓村文化市场巡查员工作职责

一、坚持原则，不徇私情，尽职尽责，积极宣传文化市场管理法规，依据法律、法规的规定，认真负责对本辖区内的文化经营场所的巡查。

二、服从县、镇两级文化执法部门工作的安排，对严重违法、违规行为和突发性重大事件，必须在第一时间报县、镇管理部门。

三、严格规范个人行为，廉洁自律，遵守巡查制度，以高度负责的精神做好各项巡查工作，确保巡查情况正确无误。

四、完善县、镇文化执法部门交办的其他工作。

油篓村级工作流程化管理制度

“四议两公开”内容

1. 新农村建设长期规划和年度工作计划；

2. 村规民约的制定；

3. 村集体土地的承包、租赁；

4. 公益事业建设资金筹集、组织实施与监督管理；

5. 集体经济项目的立项、承包及公益事业的建设承包；

6. 旧村改造、土地征用及补偿分配、宅基地审批；

7. 集体资产处理、集体借贷；

8. 计划生育、农村低保、新型农村合作医疗等政策和制度的落实；

9. 税费征缴和重大财务收支；

10. 重大救灾经济款的发放；

11. 按照法律规定应当民主决策的其他事项。

视频监控室管理工作制度

1. 监控信息平台实行 24 小时值班监控制度；

2. 严格内务管理，保持监控信息平台室内环境整洁有序；

3. 严格按照规程操作使用，爱护信息平台的各种设施、设备；

4. 严格遵守办公秩序，严禁在信息平台内做与工作无关的事情；

5. 严格遵守保密制度，未经批准不得擅自拷贝信息平台的录像数据资料，不得将工作内容、工作要求透露给无关人员；

6. 严格用电管理，禁止在信息平台使用自带电器设备；

7. 严格遵守防火、防盗、防安全事故管理规定；

8. 严格遵守设备保养制度，信息平台室内保持恒温、恒湿、温度控制在 18℃ ~ 25℃内；

9. 严禁无关人员进入信息平台室内。

民主评议党员干部制度

1. 民主评议党员（干部）

每年进行一次，可同年终总结、“创先争优”等工作结合进行，时间可相对集中。

2. 民主评议的内容：对党员的评议要对照党员的标准和目标管理内容以及党员兑现承诺的情况评议出优秀、合格、基本合格、不合格党员；对领导干部的评议要根据其德、能、勤、绩、廉等方面的表现，按优秀、称职、基本称职、不称职进行民主测评。

3. 评议的方法：一是深入动员、明确要求；二是听取党内外群众意见、开展评议；三是对照标准、述职、述廉并自我定格；四是召开评议会、初定档次；五是支委会根据党内外群众评议意见、分析综合、评定档次、转告本人，并向支部大会报告评议的情况；六是表彰优秀党员，处置不合格党员；七是帮助党员（干部）制定整改措施。

4. 民主评议党员要严格坚持党员标准，正确掌握政策界限，确保民主评议党员工作的质量，民主评议领导干部的结果要与领导干部的工资、奖金挂钩。

党员管理制度

一、对党员的管理做到“十坚持”：坚持党性原则、坚持民主管理的原则、坚持按级分层次管理的原则、坚持平等一致的原则、坚持统筹管理的原则、坚持为党的基本路线服务的指导思想、坚持规范性原则、坚持激励性原则、坚持效益原则、坚持创新原则。

二、及时掌握党员的基本情况，做好统计调查工作，及时了解党员的思想动态，做好政治思想工作。

三、进行争先创优活动，在本组织内开展争创先进党组织、优秀共产党员定期考核及评比表彰。

四、民主评议党员和妥善处理不合格党员工作。

五、自觉参与党支部组织生活。

六、接待好“出、进”党员的组织关系。

七、掌握党费的标准，明确党费上缴的规定，并做好党费的收缴工作，按时上缴到上级党组织。

“孟良崮”的前夜[①]

周启贤

为了打破敌人重点进攻，1947 年 5 月，我纵奉命插向鲁南隐蔽待机。

5 月 5 日，52 团担任师前卫，沿泗水、费县公路南下，当晚到达卞桥与敌 64 师 58 旅一部遭遇，我先头部队迎头痛击击溃了敌人，掩护大部队安全通过卞桥。

次日，我团又担任后卫，掩护全纵向鲁南挺进。上午，敌 64 师两个团尾随追来。十时许，敌先头部队赶到黑色拉山地区与三营激战，八连奉命抢占山头争夺制高点，几经易手，八连牢牢控制了黑色拉山头，控制了制高点，阻止了敌人。全纵顺利摆脱敌 64 师，向城前白彦地区挺进隐蔽待命，为歼灭蒋介石御林军 74 师制造了先机。

是役，全纵几百伤员因战局关系不能随军转移，军卫生部留下了二十余人的医疗队在姚庄一带组织临时后方医院，院长由费县县长兼任，下设三个疗养队，我任疗养队伤员支部书记。我是八连的指导员，连长、副连长也都负了伤，大家戏说八连连部搬到医院里来了。

当时医疗条件很差，几付担子的药品很快就用光了，连最起码的消毒药和纱布都没有，又时值盛夏，气候炎热，许多伤员伤口感染发炎、流脓、生蛆，有的伤势严重，下身肿得像木桶，高烧不退。伤员中的党员和干部自觉地拒绝用药，把药让给战士和群众。后来只好用盐水洗伤口，医务人员把自己的被子、衣服也撕掉当纱布绷带用。伙食只能维持最低生活水平，伤员缺医少药加上营养不良，死亡现象不断发生，医务人员急得哭，忘我地夜以继日看护重伤员。一切为了伤员，他（她）们不辱使命照看伤员，不愧是伟大的白衣战士。

注：①原载长城出版社 2009 年 4 月出版的《从军旗下走来——记甘为国防和社会主义建设事业奉献的人们》，有改动。

更严峻的是伤员的安全没有保障。医院没有武装保护，全院只有长短枪十余支，都是干部负伤时随身携带的自卫武器，这是令干部伤员深感焦虑的事。他们下意识地在驻地咽喉地带设了一些临时路障，以防万一。

担心的事终于发生了。

头一天傍晚，院部突然接到鲁中南军区通知，敌人将于明日接近姚庄附近地带，要医院准备向西转移十里并派部队负责掩护。具体行动时间再另行通知。院长当即作了部署，各队分头动员和准备转移，忙碌了一夜，通宵待命。天亮后仍无任何消息，上午八时左右，南面发现敌情，伤员纷纷向北转移，继而东面山上也发现便衣，从着装和动态来看，肯定是敌人。北面山上也有部队在活动，机枪架起来对着我们，是军区派来的部队掩护我们还是敌人占领了山头，如果是军区部队，为什么把枪对着我们呢？现在只有西面了，西面是我们唯一的希望，是军区所在方向。看来敌人可能是从三个方向合围的，西面还未合拢。当时院部开了紧急会议，决定组织部分轻伤员作为先头部队，试探性向西面突围，结果我们的人刚爬上半山腰，就被敌人用密集的火力打了回来。

形势万分险恶。

怎么办？众说纷纭，老院长则坚持等到天黑再想办法突出去，并主张把伤员分散，打埋伏。伤员支部则力排众议，强调必须迅速突围，事不宜迟，敌人不可能让我们等到天黑。目标已经暴露无遗，再去考虑打埋伏已没有可能，何况山谷地区狭小，只有七八个自然村，这么多伤员怎样去埋伏呢？但意见未能取得院长支持，这时山上的敌人已有向山下移动的迹象。不能再等了，我说共产党员决不能做俘虏，赞成的就马上一起走，向西南方向突围。西南方向是高山峻岭，地势险要，迄今未出现敌情，可能是唯一的一个缺口。我们一行的伤员和干部，一百几十号人、十几支长短枪，负重伤的副连长也用担架抬着一起行动。越接近山顶的路越难走（其实根本没有路），脸和手脚都划破了，衣服也撕坏了，单身人都不好走，担架根本没法抬了。在无可奈何的情况下，正好山上有几间茅屋，经和当地老百姓商量，让副连长先隐蔽起来，他们欣然接受，并保证只要人在就保证副连长的安全。伤员继续向上攀登，走了不远碰到几十位同志，有男有女，一问是鲁南被服厂的。向他们打听情况，听说他们原来也是想向西南突围的，但被敌人堵住了，突不出去。问他们看到敌人没有，都说没有看到，但两面山上机枪封锁很厉害，冲不过去。此时山下面人声嘈杂，枪声不断，远看北山上的敌人下来了，情况糟透了。当即作了简单动员，号召大家前面是唯一的出路，只要不是敌人面对面堵住山口，死活也冲出去，万一出口被堵住了，就上对面的吴王崮，崮的形势险要易守难攻，就是搬石头也能把敌人打下去，等到天黑再组织突围。事情就这样定了，动员被服厂同志一起走未成。这次行动还比较顺利，山口处未见有敌人踪影，山下一看迎面是条大沙河，河南岸又是一条东西向横断大山，伤员们在山脚下休息，突然听到一位伤员惊叫："那边（指吴王崮）有人跳山。"啊！只见远处高山顶上有人在摔枪，有人从悬崖绝壁往下跳，悲壮的情景至今仍历历在目。后来知道被服厂的同志全部壮烈牺牲了，只有两位同志在跳崖时被树枝挂住，得以幸免，直到 1976 年还活着，英雄事迹流传至今。这里不能久留，过河上山，到了山顶往下一看，前面大路上大批部队在行动，看来还是在敌人的包围之中，情况是严重的。大家在山顶上目标太大。半山腰有间草屋，草屋主人是位老大娘和一位年轻的嫂子，嫂子热情地烧水烧粥招待伤员，老大娘是那样善良安详，面带着笑容，不断向伤员问长问短，好像眼下什么事情都没有发生，根本没有把山下的国民党军队放在眼里。就这样，老大娘一直操劳到天黑又主动给我们找来了向导（带路的），一直把我们送到路口，千叮咛万嘱咐要我们平平安安的出去，多好的老大娘啊！

干部们作了分工，一位连长带着向导走在前面带队，一部分干部插在队伍中间，我还是习惯殿后。谁知走了没有多远，不过里把路就和敌人遭遇，因是临时编队组织不严，一下就被敌人冲散了，大家一鼓劲地往山上跑。此时我在后面正在动员一位连干部随大部队一起走，已离开队伍一段路。当发现情况时部队已无法收拢，只好带着通讯员和一位班长再回到山腰那户人家。这时这家老大爷已经回来，据事后了解，老大爷姓李名贵九，大儿子李广韩参加八路军，小儿子才十一二岁。老大爷早年当过北洋海军，为人很豪爽侠义，在群众中很有声望。

见面后当即说明来意，希望他能掩护我们。但他总是回避，只让我们先吃饭，说我们一天受惊挨累辛苦了，吃了饭再说。我无心吃饭，就试探能否隐藏在他那已经坍倒的一间草屋底下，他摇摇头。我又提出是否可以到对面山上大洞里去隐藏，他说不行，“打鬼子那年当地老百姓逃在洞里躲避，后来被鬼子放汽油烧，损失很大”。话音一落老大爷就走开了。老大娘努嘴说：“老头子有办法，你们去找他。”一看老大爷在山沟边上吸旱烟。既然老大娘有话，此事一定办得成。果然老大爷开腔了，说：“你们放心吃饭，吃饱喝足，我带你们上山，此山高处有个洞①十分隐蔽，早年是抓黄鼠狼用的，只有上了年纪的人才知道，现在知道的人不多了，年轻人从来没有去过。”临走时，老大娘给我们装满了一壶水，又塞给我们一大包东西。陪我们一起上山的除了老大爷、小弟外，还有一位哑巴叔，还带了一条狗。哑巴叔是等在山腰里的，我们见多了一个人，很诧异，老大爷意识到了。他说他是个哑巴，是自己人很可靠，我们这才放心。上山的路真难走极了，又是黑夜里，特别是进洞口的那段简直是悬崖绝壁，人只能侧着身子走，两只脚要横过来踏在石头上（因为石头很狭窄），两只手死死地抓住上面狭窄的石头，一步一步向前挪，根本不敢往下看。不是情况紧急，怎么也是不过去。今天回想起来还有点后怕。

老大爷向我们做了交代说这个地方很靠牢，一再要我们放下心来休息，天黑后会派小弟来联系的。他们离开洞不久，天昏地暗下了一场瓢泼大雨，估计他们要被雨淋透了，萍水相逢，我们感到很过意不去。

山区太阳升起来的早，村庄在活动了，突然间鸡飞狗叫，人们的哭声喊声嚷成一团，国民党的军队进村了。人们在苦难中，山洞里的同志心里在流血！

正在这个当口，只听得有个声音从下而上，是脚步声，踩着石头咔嚓咔嚓响，似乎这不是踩在石头上，而是踩在伤员心头上，我们的心提到嗓子眼里，紧张极了。洞里同志做好了战斗准备。突然，洞口发现了一个人，半截身子暴露在面前，“不准动。”此人也吓呆了，事情发生地那样突然和意外，来人说：“同志，

注：①此洞于70余年后的2018年10月被人们再次发现（此前少有人知，只有李贵久的孙子洪先在周启贤的指点下，曾于80年代末找到此洞），因掩护伤员而成为革命遗址，今被称为拥军洞。该洞位于滑石门南200米山顶最高处，妈妈脸山崖偏北二崖中，地势险要，便于隐蔽。

是你们？”“你是什么人？”“村里的。”“干什么？”“逃反。”我们心里没有底，打死他，怕误杀好人，开枪吧，怕暴露此地目标，再看他一脸憨厚模样，又不像坏人，放！告诉他我们是八路，扼要地做了他的工作，嘱咐他千万保密，就连自己父母老婆孩子也不要讲，他口口声声作了保证，说八路军是老百姓自己的队伍，八路军为老百姓吃苦，咱要讲良心，还再三叮嘱我们千万要小心。

唉，事情就是那样复杂和凑巧！

十五个吊桶七上八下，安全感降到了零度。这里也并不保险，心头蒙上了一层阴影，但愿这是一场虚惊！

还是做最坏准备。

三个都是共产党员，开了一次紧急党小组会作出了决定，如果出现敌情要坚决打，谁动摇就枪毙谁，宁死不做俘虏，不投降。我们把洞口用石头堵了起来，只留了一个瞭望和射击口，我和通讯员拿着两支枪封锁洞口，班长拿着两颗手榴弹以防万一，就这样提心吊胆地在洞里坚持了一天。敌人在村里，在半山腰里也折腾了一天。傍晚太阳下山时，敌人撤走了，村庄才“复活”，从山下传出各种声音来，是哭声压倒一切！

多痛心啊！

晚上十点钟，觉得外边有动静，老大爷家的狗到洞口转了转又回头走了（这时我们才想到老大爷那天为什么把狗带来，想得多周到）。是来接我们了，小兄弟天真烂漫的小脸上含着一股亲热劲，问这问那，问我们怕不怕，问我们饿不饿，说怕还乡团发现来晚了。多懂事的孩子。哑巴叔还是等在半道上，看来是监视敌情的。老大爷下山摸情况去了，大娘和嫂子热情接待我们，临走大娘又再三嘱咐，今天带了更多吃的东西，怕我们受渴挨饿，大娘真好！大娘一家人都好！这晚太疲劳了，美美地睡了一夜。

醒的时候已经天大亮了。

是惊醒，从山下传来的一片混乱声告诉我们敌人又来了，今天来得更早，来者不善，敌人在村子里折腾一阵子后就开始搜山。从下而上一片揪心的叫声，从传来的声音中听是发现了我们的伤员。接着是一阵阵枪声，敌人在我们洞口上方架了一挺机枪不断扫射，子弹壳就落在洞口，真险啊！后来洞左右都出现脚步声，有时候就贴靠在洞边上。敌人搜山了，到处是拼搏声、追捕声、枪杀声。我们的战友们大难临头。情况是如此险恶，党小组再次开了紧急会议，商量对策，决定宁死不屈、决不叛党，万一被敌人发现，先打死上来的敌人，在敌人动摇的时候猛冲出去，夺取敌人的机枪，强行突围，就是剩下一个人也要拼到底。这一天特别长，真是“度日如年”（这是一生中最长的一天）。太阳西沉，黑夜来临了，恐怖笼罩着山林，死一般的沉寂。九点过去了，十点过去了，还没有见人，小狗也没有来打前站。一天紧张心情此时更加紧张，是什么原因小弟弟今天不上山来？看来凶多吉少。时间对我们来说是那么长，又是那么吝啬。我们要做的事都是要在夜间做好，我们所能做的事也都要在夜间完成。从情况推测，此处绝对不能停留了。我们携带所有物品，清除了遗留痕迹，离开了山洞。周围到处留下战友们和敌人拼搏的痕迹和残缺不全的遗体，惨不忍睹。鲁南的山是石头山，也无法掩埋，只能把仇恨埋藏在心里。此时也更担心老大爷一家的安全。老大爷家静悄悄地，不敢贸然进去，谛听良久，发觉草坡（放草和杂物的小草棚）里有人呻吟。进去一看是小弟弟奄奄一息，不省人事，高热烧得烫手；仰卧在灶间的哑巴叔遍体鳞伤，也人事不省，满屋破坏得狼藉不堪。

其他人呢？哪里去了？到底发生了什么事？再到屋后的樱桃林里一看，嫂子正在着急地等待我们。见了我们，她一把抓住我的手哭诉着这天的经过……不知是谁走了风声，敌人一早就来了，向大娘要八路军，大娘矢口否认。后来在搜查时发现了米袋和军用被，这是伤员同志留给大娘的，敌人更是加紧迫害，把哑巴叔打得死去活来，哑巴叔就是一声不吭。他本来就不会讲话，但他知道我们藏身之处。敌人发狂了，又把小弟弟用绳拴住两个大拇指吊在树上，吊了一整天，手指头比胡萝卜还粗。小弟弟坚强不屈，一个字也没有吐，不愧是红色的英雄少年。老大爷因被拉夫（抓壮丁）挑东西去了，才得以幸免。这时老大娘也来了，她说：“孩子啊！我什么都不怕，死也不会讲，就怕弟弟小，他能熬得过吗！”听嫂子和大娘的一番话，我们都哭了，多好的人民，多好的亲人啊！大娘在安慰我们，说只要你们平安，我就放心了。大娘，子弟兵的母亲是多大的胸怀啊！远处有人走过来，大娘说你们大爷回来了。可不，大娘眼真尖，大爷佝偻着身躯，端着一大盆热气腾腾的猪肉啊。“大爷你这是做什么”？

大爷豪迈地说："这猪我不能让狗日的吃，今天我给同志们送行，喝两盅。"至于白天发生的事，老大爷自始至终一字不提。

老大爷一面让我们多吃、吃饱，一面分析了当前的敌情，说："看来这里已暴露，埋伏不下了，今晚我就送你们走，就这样说定了。"临走时，老大爷给我们定了联络信号，告诉我们到军区所在地风谷村①一路上要注意些什么。他在前面带路，远离我们30米左右，遇到敌情他就蹲下来打火吸烟，我们就隐蔽起来。考虑地真周密啊！大娘和嫂子把我们送到路口，给我们带足了吃的喝的。我们不知说什么好，怎样报答他们全家呢！

当夜又通过了敌人三道封锁线，也曾和敌人遭遇过，但都是老大爷机智指挥得以脱险。拂晓时，在一条沙河边和老大爷告别。老大爷说："此去看来问题不大，再向西北三十里就是风谷村了。一路留神，一路平安。"望着老大爷伟岸的背影，我们真有点舍不得离开他呢，谁知这一走就成了永别。听说后来老大爷一家受此牵连，不得不离家背井，逃荒在外两年有余，弄得家破人亡。多好的人民啊！

我们内心高呼：伟大的中国人民万岁！天宝山的英雄人家万岁！（天宝山是沂蒙山的分支）子弟兵任何时候都不能离开人民啊！

故事到这里还没有完。这天我们累极啦，又倦又困，趁着黎明前的黑暗，我们在河边睡了，而且睡得很沉。虽然睡前作了分工，大家轮换睡，但神经不听指挥，竟一个个都睡着了，一觉睡醒，太阳早已高挂在树梢上了。这一惊非同小可，面前不远就是一条公路，我们又是全身披挂，完全暴露在开阔地上，三十六计走为上，赶快走。顺着河边小路一溜小跑，迎面来了个单身汉子背着一袋东西，我们向他打听了去风谷村的路线，他给指了。我们是相背走的，走出不远，就听见那汉子一边喊叫一边向我们奔来，很诧异。我们持枪以待。他气喘吁吁地问我们："你们是南军还是北军？"（当时流行的一句话，南军是共产党，北军是国民党）。我们看他态度诚恳，似乎有言相告，就如实地说"是

注：①今丰阳、库家村一带。

南军”，他告诉我们他刚从那边来，前面庄里住了好多“北军”。心照不宣，对他感谢一番，互相道别。啊！太险啦。如果撞上去还有命？真是福从天降，感谢老区人民对共产党八路军的热爱，真正是军民鱼水情，鱼离开水寸步难行。这样我们才脱了险，绕道到达风谷村，并有幸和其他分散突出重围的患难战友们会合，找到了军区和铁道游击队的亲人。在张光中司令、郭化若副司令、傅秋涛政委直接领导下，作更大范围更加艰苦卓绝的鲁南突围和尔后的胶东突围。

我的创业致富之路

李庆勇

俺家当时在农村来说还是比较好的。

从我记事起，爸爸就在外面和朋友一起合伙做生意，开过饭店，也经营过副食品批发零售部，也办过罐头厂。爸爸经常不在家，家里屋里屋外都有我妈一个人操劳，我妈没有文化，一天学没上过，但我妈具有中国妇女的所有传统美德，勤劳善良、吃苦耐劳、相夫教子，这一切形容我妈都不为过，是她含辛茹苦把我和我妹拉扯大。

1988 年，我爸停了外面的生意，回来后又和村里的黄守均大爷、李贵国二大爷做起了水果生意，几年下来也没挣到多少钱。其间又和平邑的一些朋友合伙在临涧开了个大理石矿，干了两三年也就算给妹妹挣了个 7500 的工人①。从那之后，老爸又和村里的人做起了水果生意，就这样闲时做生意忙时忙农活。我初中毕业后就没再上学，跟着我爸走南闯北了几年，我也学着做起了水果生意。后来生意不大好做，本金也都是使的贷款。几年下来，俺爷俩赔进去了四五万元钱。

正在这时，黄大爷（黄守均）从上海回家办事，听说我家欠了不少钱。黄大爷说他全家在上海做早餐生意还不错，也希望我们到上海去闯一闯，说在上海做生意比在家里强。1998 年 4 月，我和我爸商量后，便和李中用首先 来到上海探路。初到上海实在是不习惯，先住在李兴传家。李兴传家七八个平方的房子里一张双层架子床，加上做生意的用具，真是塞满挤满。我们有时白天到摊位上给他家帮帮忙，有时出去看看人家怎么做生意的，并虚心请教学习。晚上李兴传二老爷三口子住在下层，我和中用哥睡在上层。虽然挤了点，苦了点，但我看到了美好生活的希望，并决定留下来——再苦再累也要留下来，就在上

注：①县里定的政策，农民花 7500 元钱，即可买到商品粮户口，并给以安排工人。

海混了。

我们光吃住在人家总感觉不是个事儿，兴传二老爷和二奶奶是好人，总是劝我："即然来了，就定下心来，不要着急，慢慢的找摊位，找到摊位试出生意再出去找住处。"这一句话几乎成了所有以后初闯上海的人听到的最暖心的话。

永远也忘不了她们二位和帮助过我们的所有人。

后来，李中运大哥介绍我和黄友娥作亲。由于我俩自小一起长大，彼此都互相了解，双方家长都同意后，订下了这门亲事。来到上海一个多月了，我也搬到了我准岳父家住，天天出去找地方，并跟着我对象学会了摊煎饼。

找摊位也是个技术活。当时上海的菜市场都在室外的马路上。有一字型的，有十字型的，还有丁字型和井字型的。卖小吃的有的靠着菜场两头，有的靠着菜场中间。找摊位就找卖小吃多的地方以及人流量大的地方。当时有个不成文的规定，一个菜场就只能有一家摊煎饼的，谁去的早谁干。他们早来的这几家都围在杨浦区的几个菜场，围着老山东——荣仕老奶奶干的摊位周边菜场做生意，卖煎饼、豆浆、豆花、炸油酥果子、糍饭糕等生意。

我的摊位确定下来后，就拍电报让我爸妈赶紧来上海。置办了一套打烧饼的炉子，准备在我们住的地方打烧饼。当地住的尽是些外地人，消费低一天卖不到一百元钱。赚不到钱开支又大，我爸妈都很着急，崔着我出去找煎饼摊位。我第一个摊位是在闸北区的彭浦新村，那个菜场很长，有三里多长，南头和中间有两家摊煎饼的，我在靠近中间北头一个饭店门口摆起摊位。和老板谈好租金一月700块钱，干全天，付三个月压一个月，一把支给老板2800块钱。买了台新的三轮脚踏车680元，干了没一个月被人家偷掉了。我又租了一处二十个平方，分内外间的住房，支出500元。花了1200多块钱买了台电饼铛，做千层饼和油酥饼，就这样从家里带来的资金基本上花光了。头一天开业卖一二百元，干了几天后长到四五百元，就这样生意不好不坏的干了一月多。这时，我傍边又上了一家山西的做千层饼和油酥饼的。毕竟人家是专业的，不象我们是偷学来的，味道口感不如人家好，生意一天比一天差。

过了不久，正当我们全家为生意发愁的时候，那天早上一到摊位，就看到店里的桌椅被搬空了。一打听才知道老板由于经营不善，拖欠房东的房租跑了。听到这，我脑子翁的一下就炸了。他跑了，我交的摊位费怎么办？果不其然，房东不承认我们，要干需重新交钱，就这样我又交了三个月的租金和一个月的押金。又干了一段时间，晚上收摊后，我妈买了5元钱的熟猪头肉，回家烧了个西红柿鸡蛋汤，我爸喝了点白酒，我喝了瓶啤酒，猪头肉被我吃了一多半，她们不舍得吃，只吃了一点点。夜上一点多钟，我被妈叫醒，她和我爸上吐下泄，浑身无力，站都站不起来了。我赶紧骑着三轮车把她们送到江湾医院，化验后是食物中毒。医生又给挂上盐水，要求住院观察两天。但爸妈因生意不好，为了节省点钱，都不愿意住院。打完针后就天明了，也没休息就继续干活去了。创业之初都是艰难的，我们只有坚持再坚持。

摊位还有二十多天就到期了。我和我爸商量后，决定再重新找摊位。于是我又拿着上海地图，坐着公交车，围着上海转。找摊位是最辛苦的，头天　上在地图上看看什么地方的居民区集中，找到坐几路公交车站点，有时一站坐不到，中途还得转几转。找到市场后先观察几天，看看人家卖早点的生意好不好。如果生意好，再挨家问，有没有愿意借店门口地方给你做生意的。和老板谈妥价格后，支个一二百元的订金订下来，开始试生意。有时候位置很好，人也很多，就是没人光顾没人买，就请　阿姨们帮你宣传。再说我们山东人做的煎饼确实好吃，上海人没吃过不敢尝试，一但吃过一回，九成人都会成为回头客。

运气好找到好摊位，就能赚到钱。而我的运气似乎不太好，找来找去总是找不到满意的摊位。晚上回来，在小区门口看到一个人在用高压锅炸玉米花（上海人叫哈力克），二元钱一锅，很多人在买。我想利用下午的时间，出来做这个生意。说干就干，买了高压锅，用铁丝改装制作成手摇式的专做玉米花的锅子。又利用出去找摊位的时间，找到批发玉米的农副土特产品市场和卖澳洲奶油的市场，买了所需要的原料回家做试验。开始几锅都没成功，不是糊了就是味道不对。糊的原因就是铁丝做的搅拌不均匀。我爸想了整整两天，做了无数次试验，最后找了个自行车内胎气门嘴装在高压锅盖上，把锅底的玉米搅动起来使之受热均匀，开花一致。就这样下午又多了份玉米花的收入，足够一天开支的了。

大概快年底的时候，我在徐汇区万体馆附近找到个摊位。由于离现在干的地方很远，不能去试摊位。我们决定先搬过去再说，搬家很麻烦，虽然才来几个月，可置办下的东西整整装了4三轮车。交完摊位费，手里基本上也就没钱了，干了几天，生意也不好，眼看着就要过年了，还得存部分鸡蛋、面粉，防备着春节期间进不到货。这是我家在上海过的第一个春节。挨摊卖猪肉的大叔给了几斤猪大肠，由于手里没有钱，没敢乱买东西，就这样将就着过了第一个春节。春节后我爸自己动手，做了个木头食品流动车，放上炉子，早上出去一个人摊煎饼。没几天我就又找了个摊位，这个摊位生意还可以，是个马路摊，早上卖到九点收摊，就这样生意慢慢的就好了起来。就这样又干了几个月，手里存下了二万多块钱。

这两个摊位经营时间不长，我又走上了找摊位的道路。在南市区找到一个摊位，干了几个月。亲戚从老家投奔来了，自己都还没有安顿好，亲戚来了也不能不管。这次也许是运气好，一下子在浦东找到两个大菜　场，给了小表哥一个。摊位费也不贵，一开始试摊位也很好，一下子就排起了长队。看着排起的长队，我想终于有了盼头。果不其然，这个摊位一干就是七八年。找到了摊位，又赶紧把家搬了过来。上午摊煎饼，下午爆玉米花，生意越来越好，赚到了钱先把以前欠的老家的钱给还上。

不欠账了，手里也有余钱了，全家人都轻松了。我的个人问题又被提上了日程。经媒人李中运哥操持，两家协商好后简单的办了桌酒席，卖了两身衣服，这个事就算订了下来。这其间又来了几家亲戚，我又帮助他们解决了摊位问题，生意都还不错。我妹妹和妹夫也来了，在老家县城卖服装、跑客车也亏了不少钱，我都一一帮助他们找到摊位并安顿好。

2000年4月20日，我和老婆黄友娥举办了婚礼。一大早我妹给我买了一束99朵红玫瑰。我穿着西装打着领带手捧玫瑰花，挤着公交车去迎接我的新娘。第一次打领带挤在公交车上，感觉浑身不得劲，别人看我的眼光就象是在看一个二傻子。一路羞红着脸，来到老丈人家，又打了辆出租车接到新娘子，也没有送亲的，估计司机师傅也不知道是干嘛的！我们的婚礼就这样简单的不能再简单了，但我们俩心里还是很高兴，很幸福。因为我们两家都不再欠账了，她也完成了不帮她娘家还完账不结婚的誓言。

婚后的生活很平淡。浦东的摊位爸妈干着，我们两个又回到浦西不断的找摊位试摊位。找到摊位后从老家招来几个工人帮着干。从老家来上海的人越来越多，菜市场占完了，就找大学门口、工厂门口、美食街等人流量大的地方。其中大学门口生意最好，能干全天，经常听到谁谁在某大学摊煎饼一天能卖一两千元，谁听到都眼红，于是都又打起了学校的主意。上海的学校不好进，有些人跑到外地找大学，于是我也动心了，出去找大学。上海不好找，跑到浙江、湖北等地找摊位，最后和朋友来到湖南长沙大学城，四五公里长的一条主干道，两边竟有五六所高校，一到放学的时候，路上人挤人、人挨人，是个做生意的好地方。果不其然，我们一开业就排起了长队，从早到晚一直不停，一天一盘鏊子能卖两千多元，一年两个假期还有休息的时间，真的挺好。但是好景不长，热乎劲一过，生意就逐渐下滑。外面的生意毕竟没上海好做，上海这样的国际大都市，天南海北的人适合各种口味的食品。湖南长沙本地人多，对外来产品也就是尝个新鲜。干了一年多，最后还卖个七八百元，一家人在这里，再加上四五个工人不赚钱了，于是把摊位让给表哥做，我们全家又回到上海。

2006年　我妹夫在朋友的帮助下拿到了上海几个高校食堂，让我选一个进去摊煎饼，于是我就选好位于徐汇区的上海师范大学。一开始生意不是太好，我们经对过煎饼的改进、对产品的升级，并得到了广大师生的认可，生意才逐渐红火起来，又从老家招人，来做山东杂粮煎饼。2007年我老婆还荣获了“平邑县巾帼致富标兵”和“平邑县好媳妇”等荣誉称号，并入选第十二届“临沂市十大杰出青年”。

现在生活稳定了，在上海师范大学有我两家店，一家做煎饼及各种时尚小吃，一家做水饺、煎饺。2012年在附近买了房子，两个孩子也就近读书。我们一家六口人现在过得很幸福。

油篓村大中专毕业生统计表（2017 年 12 月）

附录表 -1

家长姓名	毕业生姓名	就读学校	学历	工作单位
李洪富	李征	西南石油大学	本科	中石化
李洪俊	李娟	烟台师范学院	本科	天津大学仁爱学院
李洪太	李中波	青岛职业中专	中专	青岛机场安检
李中强	李玲	哈尔滨医科大	硕士研究生	在读
李忠	李洁	河北科技大学	本科	在读
李信	李俊青	山东农业大学	本科	在读
李洪勇	李玲	济南财经学院	本科	上海
李志强	李仕豪	山东管理学院	本科	在读
李洪水	李菊	齐鲁师范学院	本科	济南
李洪华	李松	临沂卫校	中专	郯城卫生院
李洪华	李富东	济南医学院	本科	平邑中医院
李洪诗	李中强	江西美术学院	专科	扬州房地产公司
李洪贵	李娟	淄博财经学院	专科	临沂房地产公司
李洪贵	李艳	临沂职业大学	本科	广州招商银行
李洪松	李中红	日照体校	专科	专科
李洪进	李中富	滨州医学院	本科	北京仁和医院
李广征	李志	上海化工研究院	硕士研究生	上海化工研究院
李广仁	李群	北京城市学院	专科	上海工商银行
李广仁	李洪建	平邑职业中专	中专	平邑钻石厂
李洪敬	李凯	烟台海洋大学	本科	青岛

续附录表 -1

家长姓名	毕业生姓名	就读学校	学历	工作单位
李洪金	李中富	潍坊科技职业学院	专科	河北装卸公司
李洪涛	李中辉	曲阜中医药大学	本科	平邑县中医院
李洪涛	李晓晨	枣庄职业学院	专科	在读
李中成	李秀锦	山东大学	本科	上海
李中成	李娟	上海外国语学院	专科	上海文斯海归
李中现	李昕洋	上海海洋大学	本科	在读
李中现	李昕荣	东北大学	专科	临沂
李中启	李秀锋	烟台大学	本科	上海维哇文化传播有限公司
巩长田	巩圣华	哈尔滨商业大学	本科	上海
李中秋	李秀君	淄博职业学校	中专	青岛制药厂
李洪柱	李中国	曲阜师范大学	本科	平邑职业中专
李洪柱	李中良	曲阜师范大学	本科	枣庄四十一中
李洪柱	李中波	山东公安学校	本科	枣庄市中区公安局
李洪柱	李琳	山东省党校	本科	枣庄市中工商局
李中国	李帅	美国加州大学	硕士研究生	加拿大工作
李中波	李西尧	枣庄商学院	专科	广州服役
李中良	李西栋	威海大学	专科	在读
李　军	李秀姿	大连医科大学	研究生	在读
李　军	李天一	齐鲁师范学院	本科	在读
徐宝山	徐媛	贵州医学院	本科	贵州电信公司
李庆华	李锡志	枣庄科技大学	本科	在读
李兴传	李彦斌	辽宁大学	本科	北京

续附录表 -1

家长姓名	毕业生姓名	就读学校	学历	工作单位
李广忠	李洪琦	平邑职业中专	中专、函本	平邑县教育局
李洪琦	李程程	武汉大学	本科	泰安国税局
李洪保	李中辉	吉林大学	本科	广州市血液中心医院
李洪保	李中富	烟台大学	本科	惠州市海事局
李洪保	李中丽	日照职业学院	专科	江苏
李广运	李　洪	济宁卫校	中专	济宁火柴厂厂医
李洪仕	李　娜	中国石油大学（东营）	本科	东营胜利油田
李广学	李　信	临沂卫校	中专、函本	平邑县中医院
李广学	李　中	临沂卫校	中专、函本	郑城镇卫生院
李中良	李西哲	聊城大学	本科	济南
李中良	李茜茜	青岛大学	本科	在读
李中兵	李　梅	烟台中医药学校	专科	
李荣仕	李　阳	枣庄师专	专科	青岛邦正国际贸易有限公司
李吉廷	李　超	郯南劳动大学	专科	平邑水利局
李中亮	李希军	莱芜技师学院	专科	在读
李洪仕	李　兵	滨州医学院	本科	东营胜利医院
李　林	李忆民	江西陶瓷美术学院	专科	自创公司
李兴学	李吉永	南昌财经大学	本科	上海
李中民	李西帅	青岛恒星科技学院	专科	在读
李中臣	李　梅	威海大学	本科	在读
李洪夫	李中良	临沂职专	专科	临沂罗庄
李　阳	李　丽	青岛大学	本科	青岛邦正国际贸易

续附录表 -1

家长姓名	毕业生姓名	就读学校	学历	工作单位
李洪柱	李中瑜	平邑职业中专	中专	个体
李庆良	李志平	潍坊科技学院	专科	在读
李中松	李鑫铭	云南民族大学	专科	在读
黄守义	黄　凯	山东工艺美术学院	本科	上海
李洪勤	李　伟	山东农业大学	专科	平邑县房产局
李洪勤	李淑慧	平邑职业中专	中专	
李　刚	李士帅	聊城大学	硕士研究生	在读
李洪彬	李中鑫	泰山医学院	本科	在读
李洪彬	李晓蕊	临沂广电大学	本科	平邑县供电公司
李　超	李　扬	山东畜牧兽医职业学院（潍坊）	专科	在读
李中信	李文丽	山东理工大学	本科	在读
李洪陵	李　波	济宁电大	本科	峄城区人民检察院
李洪陵	李建新	枣庄三中入武后进军校	本科	峄城区人民法院
李洪陵	李　慧	李庄三中	高中	济宁制药厂
李洪陵	李金彦	济宁红祺中学	初中	枣庄市工商局
李洪柱	李保荣	潍坊职业学院	专科	平邑县直机关幼儿园

油篓村村民自建楼房统计表（2017 年 12 月）

附录表 -2

姓　名	位　置	楼层	面积（平方米）	间数	投资（万元）
李洪夫	社区东	2	200	3	32
李中明	社区东	2	200	3	32
李中传	老宅	3	300	3	48
李广志	老宅	2	196	3	29
李洪宾	老宅	2	196	3	29
李洪言	老宅	2	240	4	39
李洪柱	老宅	3	420	4	80
李吉武	南门东	3	380	4	56
刘照明	南门东	3	380	4	56
李洪保	南门东	3	380	3	54
李吉言	沿街东	3	280	3	45
李中军	沿街东	3	280	3	45
李庆锋	老宅	2	280	4	46
李　建	老宅	2	280	4	46
李兴诗	老宅	2	220	3	34
李洪丙	东沟老宅	2	220	3	38
李志云	北岭老宅	3	380	4	56
徐宝民	北岭老宅	2	260	4	43
李海锋	北岭老宅	2	260	4	42
徐宝平	北岭老宅	2	260	4	42

续附录表 -2

姓 名	位 置	楼层	面积（平方米）	间数	投资（万元）
李广柱	沿街路东	3	280	3	45
李洪起	沿街路东	3	380	4	56
李广强	沿街路东	3	380	4	56
张兆柱	沿街路东	3	380	4	56
李兴续	沿街路东	2	260	4	42
李中用	北岭街东	3	380	4	55
李中芹	北岭街东	3	480	5	75
李洪顺	北岭街东	3	370	4	54
李中形	北岭街东	2	265	4	44
李洪兵	北岭街东	2	265	4	44
李中印	北岭街东	3	290	3	47
李中喜	北岭街东	2	260	4	43
李中建（洪奎）	社区北	3	480	4	78
李中贵	社区北	3	380	4	56
李中怀	社区北	3	380	4	56
李洪现	社区北	2	280	4	45
李洪伟（广海）	沿街路西	4	460	4	62
李洪永	沿街路西	3	380	4	54
李洪金	沿街路西	3	380	4	54
刘兆亮	沿街路西	2	280	4	46
李洪瑞	沿街路西	3	360	4	52

续附录表 -2

姓 名	位 置	楼层	面积（平方米）	间数	投资（万元）
李广建	沿街路西	2	200	3	31
李中臣	沿街路西	2	340	5	50
李洪波（广朴）	沿街路西	3	376	4	55
李兴民	沿街路西	3	376	4	55
李中元	沿街路西	2	350	7	52
李洪义	沿街路西	3	370	4	54
李中行	北岭街西	3	370	4	54
李庆国	北岭街西	3	380	4	61
庄启银	北岭街西	3	380	4	63
李庆明	北岭街西	2	240	3	48
徐德全	北岭街西	2	265	4	42
李中民（南下）	北岭街西	2	260	4	42
黄守才（南下）	北岭街西	2	260	4	42
巩常喜	庆国家西	2	260	4	42
李 凡	老宅	3	380	4	56
李广师	老宅	2	260	4	43
李庆学（吉才）	老宅	2	260	4	42

编后记

《油篓村志》的编写是在李洪成、李兴民及李兴普的鼓动和支持下，思量再三后勉强担起了编写村志的重任。编写村志在平邑是第一家，难忘乡音，记下乡愁，留住乡忆，它是一种责任，也是一种义务，确是难得的幸运机会。

村志编写起于2017年4月，当年12月完成初稿编写任务。2018年5月完成送审稿，全稿25万余字。接受任务后即着手拟定篇目，全面考虑，通盘掌握，力争写出特色，并力求写出精品。经多次调整篇目，直至成书。三易志稿，反复修改、补充，精心编纂，始成现在的格局。全志共设21章73节，包括建置沿革、自然环境、人口、村级政权及党群组织、红色革命堡垒村、油篓杂粮煎饼、经济管理体制变革、经济建设、旅游开发、教育、文化卫生、家族繁衍、民情、生产生活用具、社会保障、风俗习惯、方言谚语、逸闻传说、表彰奖励、人物、艺文等。另有概述、大事记和附录3部分。

编写史志横排竖写，事以类聚，这是几代史志专家的共识。但为突出油篓村的地方特色，特意将红色革命堡垒村、油篓杂粮煎饼、旅游开发等部分与其他各章平行设置，给以重点记述，作为大书特书的重头戏。鲁南区党委机关的进驻，给油篓村带来了生机；李灿营游击大队为当时费南地区赫赫有名的十三个游击大队之一，也是红色革命的一部分。以“红色革命堡垒村”一章突出红色元素，以激励后世不忘党的建设美好明天的初心。油篓村之所以有了“中华煎饼第一村”的美誉，是因广大农民敢于“第一个吃螃蟹”，勇于闯天下，为本村或周围地区农民外出打工致富写下了光辉的一页。为加强油篓煎饼特殊地位，故将“油篓杂粮煎饼”章作为重点记述的部分。“旅游开发”章部分因现时旅游项目还没有完善，重点对省旅游规划设计院所设计项目进行了梳理，并插入了崮顶艺术中心建设的有关内容，为当前或今后旅游开发服务。另外，“经济管理体制变革”一章反映全村经济变革（土地管理制度的变革）的整个过程并给以重点记述。

以李洪成为党支部书记的油篓村两委领导班子在十几年间，不辜负村民的期望，不懈努力，争取和创造条件，带领群众改变全村面貌，本志中尽量地加以突出记述。油篓村将来步子会越来越大，村民生活会越来越幸福，定会出现在早日全面建成社会主义现代化小康社会的前列。

《油篓村志》采用的资料，有李兴民提供的人口部分资料，李洪太提供的政权、党群部分资料，李阳提供的“品牌建设”有关资料，李吉华提供的公办教育方面的资料，李洪村提供的饮水工程、社会新风及新农村建设方面的资料，李洪俊提供的农业生产责任制方面的资料，李林提供的煎饼闯世界的有关资料。李洪全进行了表格调查统计。因本人家乡在此，自己生于此地长于此地，对本地所发生的重大事件及自然风貌比较熟悉，对需入志资料不陌生并有所掌握，包括亲历、听闻、感悟等，此为本志的顺利编写提供了不可或缺的条件或帮助，大约半年多的时间即拿出初稿，此后又经历了大约半年多的时间修改补充，反复校正，做了大量工作，终完成送审稿。出版清样返回后，又进行一次篇目调整，内容增删、改正，遂成满意之作。全志编纂共历时 2 年余，在完成送审稿后接受县史志办、郯城镇党委政府组织召开的评审，经多方面的努力和多位专家的审定把关，一部基本符合新方志编撰要求的志书得以问世，这是大家集体智慧的结晶。

本志的编写得到了县史志办公室领导和各位编辑的精心协助，得到了郯城镇党委、政府的大力支持。县史志办李强、张洪建，县供电公司李中超及镇文化站蔺锋等同志协助，另有平邑常峰打字社对本志的出版也提供了诸多方便，在此一并表示感谢。因运用资料和驾驭写作的能力有限，定有不少不尽人意的地方，或有更多的偏差、舛误充斥其间，愿虚心地加以改正或补充完善，衷心地接受大家的批评。

主编 李洪廷

2018 年 10 月

图书在版编目（CIP）数据

油篓村志 / 油篓村志编纂委员会编 . - 北京 ：方志出版社，2019.8

ISBN 978-7-5144-3780-5

Ⅰ . ①油⋯ Ⅱ . ①油⋯ Ⅲ . ①村史－平邑县 Ⅳ . ① K295.25

中国版本图书馆 CIP 数据核字 (2019) 第 142783 号

油篓村志

编　者：油篓村志编纂委员会
责任编辑：宁　芳
出 版 者：方志出版社
地址 北京市朝阳区潘家园东里 9 号 (国家方志馆 4 层)
邮编 100021
网址 http://www.fzph.org
发　行：方志出版社图书经销中心
电话 (010) 67110500
经　销：各地新华书店
印　刷：济南霏帆印务有限公司
开　本：787×1092　1/16
印　张：18.125
字　数：304 千字
版　次：2019 年 8 月第 1 版　2019 年 8 月第 1 次印刷
印　数：0001 ~ 1000 册
ISBN 978-7-5144-3780-5　定价：210.00 元